中等职业教育与高等职业教育协调发展研究

阚 丽 著

图书在版编目（CIP）数据

中等职业教育与高等职业教育协调发展研究/阚丽著.—北京：企业管理出版社，2014.5

ISBN 978-7-5164-0782-0

Ⅰ.①中… Ⅱ.①阚… Ⅲ.①职业教育—协调发展—研究—中国 Ⅳ.①G719.2

中国版本图书馆CIP数据核字（2014）第071053号

书　　名：	中等职业教育与高等职业教育协调发展研究
作　　者：	阚　丽
责任编辑：	申先菊
书　　号：	ISBN 978-7-5164-0782-0
出版发行：	企业管理出版社
地　　址：	北京市海淀区紫竹院南路17号邮编：100048
网　　址：	http://www.emph.com
电　　话：	总编室（010）68701719　发行部（010）68701073
	编辑部（010）68456991
电子信箱：	emph003@sina.cn
印　　刷：	北京大运河印刷有限公司
经　　销：	新华书店
规　　格：	160毫米×230毫米　16开本　14.75印张　340千字
版　　次：	2014年5月第1版　2014年5月第1次印刷
定　　价：	58.00元

版权所有翻印必究·印装有误负责调换

前　言

2010年7月，《国家中长期教育改革和发展规划纲要》颁布，明确提出"到2020年，形成适应经济发展方式转变和产业结构调整要求、体现终身教育理念、中等和高等职业教育协调发展的现代职业教育体系，满足人民群众接受职业教育的需求，满足经济社会对高素质劳动者和技能型人才的需要"。从中可归纳概括出：职业院校必须通过对各级各类技能型人才培养进行系统设计、系统实施、系统评价与管理，来促进中等和高等职业教育协调发展，逐步构建完善的现代职业教育体系，从而实现职业教育的内外两个目标：对外适应经济发展方式转变和产业结构调整要求和对内体现以人为本、服务育人、面向人人终身教育理念，最终完成"两个满足"，这是职业教育领域当前和今后一个时期的重点任务。

当今世界正进入大发展大变革大调整时期，新一轮科技与产业革命正蓄势待发，人才和创新已日益成为各国综合国力竞争的决定性因素。特别是国际金融危机以来，美欧等发达国家已开始重新审视并重视实体经济的价值，纷纷提出"再工业化"的发展目标，并把发展职业教育、提升国民技术技能水平作为增强产业竞争力和发展后劲的战略选择。

当代中国正处于全面建设小康社会的决定性阶段，面临着人类历史上日益加剧的国际竞争和规模空前的工业化城镇化的进程，只有实现经济转型升级、提升中国制造水平、加快中国创造步伐，才能争取主动、赢得未来。这就为实现技术技能强国梦、职业教育成才梦创造了难得的历史机遇，职业教育作为提高经济发展质量和效益的战略基础，扩大就业和改善民生的战略途径，必须实现自身的转型升级，只有建设具备

"适应经济发展方式转变和产业结构调整要求、体现终身教育理念、中等和高等职业教育协调发展"三个基本特征的现代职业教育体系,才能建设一支规模庞大、结构合理、素质全面的技术技能型人才队伍,为现代化建设提供人力支撑。

服务经济社会发展是发展现代职业教育的出发点和落脚点,促进中等和高等职业教育协调发展,使职业教育的专业结构和层次结构与社会经济发展的人力资源需求相匹配,不断满足职业岗位对人才素质、国民对终身学习的多样化需求,以增强技术技能型人才的就业创业能力和职业转换能力,从而提高劳动生产效率,推动经济的发展与促进社会的稳定。可见,将人的可持续发展放在突出位置、让每一个孩子成为有用之才,将成为职业教育的价值追求。

本研究从我国构建现代职业教育体系需求出发,从中等与高等职业教育协调发展所需解决的现实问题入手,运用比较研究、案例研究等方法,深入探索职教体系建设中最基本的建构与机理问题,系统研究国外中高职协调发展的政策、制度与做法,提出促进我国中高职协调发展的路径与对策,并指出促进中高职协调发展需要在政策与制度保障体系建设上的配合,在此基础上提出,在终身教育的理念下推进职业教育工作,积极引进优质资源、加大职业教育投入,推动和落实政府主导、行业指导、企业参与的办学新体制,以立法方式,推行职业资格证书制度和劳动就业准入制度等建议。本书是 2011 年教育部人文社会科学项目《关于加强我国高职院校教育集团化办学的思路与对策》(青年基金项目、项目编号 11YJC880129)的研究成果之一。本书是针对目前我国中高职协调发展理论与实践做了全面的梳理与系统化的研究,所提出很多事实与观点具有创新意义,所提出的促进中高职协调发展的路径与对策对于我国现代职业教育体系建设的制度设计具有较大的参考价值。由于种种局限,本研究还存在不足,在某些方面还需开展更为深入与广泛的研究。

阚 丽

二〇一三年十二月

目录

前言

第一章 中高等职业教育协调发展的理论基础

第一节 中高等职业教育协调发展的概念与特征……………………2
第二节 中高等职业教育协调发展的理论基础…………………………9

第二章 中高等职业教育协调发展的缘起

第一节 中高职协调发展是职业教育自身发展的诉求………………16
第二节 中高职协调发展是国家经济转型升级的刚性需求……………19
第三节 中高职协调发展是时代发展的必然要求………………………22

第三章 中高等职业教育协调发展的历程

第一节 国外中高等职业教育协调发展的历程…………………………30

第二节　我国中高等职业教育协调发展的历程……………………………… 50

第四章　目前中高等职业教育协调发展面临的严峻形势与存在问题

第一节　影响中高等职业教育协调发展的几个外部因素……………………… 58
第二节　中高等职业教育协调发展存在的内部问题…………………………… 65

第五章　中高职协调发展的案例研究

第一节　发挥示范院校引领作用系统化推进中高职协调发展………………… 74
第二节　对口单招考试模式设计—以江苏省为例……………………………… 87
第三节　中高职衔接人才培养模式的设计与实施……………………………… 94

第六章　中高等职业教育协调发展的实施路径

第一节　适应区域产业需求，明晰人才培养目标……………………………… 100
第二节　紧贴产业转型升级，优化专业结构布局……………………………… 108
第三节　深化专业教学改革，创新课程体系和教材…………………………… 111
第四节　强化学生素质培养，改进教育教学过程……………………………… 118
第五节　改造提升传统教学，加快信息技术应用……………………………… 122
第六节　改革招生考试制度，拓宽人才成长途径……………………………… 129

第七节 坚持以能力为核心，推进评价模式改革……………………… 139

第八节 加强师资队伍建设，注重教师培养培训…………………… 143

第九节 推进产教合作对接，强化行业指导作用…………………… 150

第十节 发挥职教集团作用，促进校企深度合作…………………… 158

第七章 我国中高等职业教育协调发展的对策

第一节 发挥高等职业教育的引领作用以带动职教体系重心建设…… 166

第二节 从国家和政府层面上实施中高职一体化管理……………… 172

第三节 基于国家职业标准的中高职课程衔接策略………………… 177

第八章 我国中高等职业教育协调发展的保障体系建设

第一节 在终身教育的理念下推进职业教育工作…………………… 182

第二节 加大职业教育投入力度，健全经费保障机制……………… 184

第三节 推动和落实政府主导、行业指导、企业参与的办学新体制…… 186

第四节 建立统一的国家职业资格制度与劳动就业准入制度……… 191

第五节 完善职业教育体系，促进教育层次上移…………………… 196

第六节 实现职业教育体系内涵衔接的政策选择与制度建设……… 198

第七节 创新职教师资培养与培训体系……………………………… 204

第八节 构建职业教育的质量监控与保障体系……………………… 207

参考文献：……………………………………………………………… 211

附录1：…………………………………………………………………… 214
 教育部关于推进中等和高等职业教育协调发展的指导意见………… 214

附录2：…………………………………………………………………… 220
 教育部关于推进高等职业教育改革创新引领职业教育科学发展的若干意见………………………………………………………………… 220

第一章 中高等职业教育协调发展的理论基础

第一节　中高等职业教育协调发展的概念与特征

一、职业教育

职业教育的主要目标从本意上理解是为工作做准备，但是在不同国家或不同时期的具体术语表述上却不尽相同，如职业教育、技术教育、技术职业教育（TVE）、生涯和技术教育（CTE）、职业教育和培训（VET）、学徒培训、职工教育（WE）、工厂教育（WE）等等。但是，目前国际上最通用的表述是"职业技术教育与培训"（TVET）。联合国教科文组织通常将培养技能型人才的学校教育类型称为狭义的"职业教育"（Vocational Education），而将培养技术型人才的学校教育类型称作"技术教育"（Technical Education），这两类学校教育加上相应的非学历培训便构成了"技术与职业教育及培训"（Technical and Vocational Education and Training，简称TVET）。TVET相当于我国《职业教育法》中规定的广义的"职业教育"，即现代意义上通常所说的"大职业教育"。

中国的职业教育是个统称。2005年11月，国务院总理温家宝在全国职业教育工作会议上的讲话对此做了专门的解释："我们说的职业教育是个统称，它既包括技术教育也包括技术培训，既包括职业教育也包括职业培训，既包括中等职业教育也包括高等职业教育"，"我国职业教育的根本任务，就是培养适应现代化建设需要的高技能专门人才和高素质劳动者。当前和今后一个时期，我们要重点抓好三个方面：一是城乡需要就业人员的职业技能培训。包括农村富余劳动力转移就业培训和城市就业、再就业培训。二是高技能人才的培养，重点是高级技工和技师的培养。

要提高我国的制造业水平，必须培养大批掌握新技术、能操作最新的机床、有创新精神的高技能人才。这类人才现在是最缺乏的。三是在岗人员的技术培训和继续学习[①]。可见，中国对职业教育的定义更广泛，融入了成人教育、继续教育以及终身教育的部分。

职业教育的内涵可以从广义和狭义两个层面来理解。广义而言，职业教育是指一定范围内的与工作世界相关的学习经历，包括为发展特定职业技能以及准备进入工作世界而设计的学习，它可以发生在教育机构和工作场所等多种学习环境中。从世界银行资助的职业教育项目来看，职业教育涵盖广义学徒培训、非正规培训、学校职业教育（初等、中等、高等）、技术学校、大学特定职业教育、教师教育、综合中学中的职业教育等。接受职业教育的学员可以直接进入劳动力市场，或者为自身的继续教育夯实基础。狭义而言，职业教育是指为青年人能够顺利进入劳动力市场所开展的初始职业教育和为在职或下岗的成年人所开展的继续职业教育。总而言之，职业教育既包括初始技术教育，又包括各种形式的转岗和技术提升培训等。本书中所使用的"职业教育"多指其狭义内涵，若特别论及职业教育的非学历性质时，则会被称作"职业培训"。

二、中等职业教育

本研究依据米尔顿和德姆斯凯对职业教育7种培训方式的概括，认为中等职业教育可以有狭义和广义的区分。狭义的中等职业教育涵盖的范围应包括中等职业技术学校和综合中学。广义的中等职业教育除了包括狭义定义所指的中等职业技术学校和综合中学，还包括非正规培训部分。非正规培训入围中等职业教育的理由在于：首先这类教育的功能定位与中等职业教育一样即培养技工和熟练工人；其次，尽管这类教育并不向毕业生提供文凭，但其毕业生通常如中等职业教育的毕业生一样直接进入劳动力市场[②]。

[①]温家宝在全国职业教育工作会议上的讲话．
2005.11.13.http://www.gov.cn/ldhd/2005-11/13/content_96814.htm.

[②]李莹．中国城镇中等职业教育毕业生就业状况研究．
http://www.docin.com/p-711282491.html.

按照时任教育部部长周济的讲话精神，中国的中等职业教育是指广义的中等职业教育，即包括中等职业办学机构所举办的发放学历证书的正规中等职业教育，也包括中等职业办学机构与成人教育机构所举办的非正规职业与技术培训。其中，实施正规的中等职业教育机构在中国主要有三类，包括职业高中、技工学校以及中等专业学校（通常简称中专）；非正规的中等职业教育机构主要是指成人中等专业学校（简称"成人中专"）。正规的中等职业教育即高中程度的职业教育是中国中等职业教育的主体，其招生对象主要是初中毕业生以及具有初中同等学历的人员，学制一般为三年。中等职业教育在重视对学生传授文化理论知识及专业理论知识的同时，根据职业岗位的实际需要有针对性地对学生实施职业技能与技巧的训练，重点培养学生某一特定岗位的实际操作能力，旨在通过义务教育培养中高级技能型人才和高素质劳动者。

三、高等职业教育

高等职业教育是一种特殊的教育类型。联合国教科文组织公布的《国际教育标准分类（ISCED）》中把高等职业教育界定为第三级教育层次，并且把高等教育分为5A和5B两种类型，5A（普通高等教育）强调有较强的系统理论基础，5B（高等职业教育）则强调有较强的实践技术与专门技能。高等职业教育包括专科、本科、研究生以及继续教育[①]。

理解高等职业教育的内涵，首先必须明确高等职业教育究竟"培养什么人"的问题。有学者将人才结构大致分为学术型人才、工程型人才、技术型人才和技能型人才等四类。其中，学术型人才主要从事与研究和发现客观规律有关的工作；工程型人才主要从事与为社会谋取直接利益有关的规划、决策、设计等方面的工作；技术型人才和技能型人才则主要从事生产第一线的、直接为社会谋取利益的工作，能够使工程型人才的规划、决策、设计等转化成物质形态。技术型人才与技能型人才的区别在于技术型人才主要运用理论技术和智力技能来工作；而技能型人才主要依

---

①王明伦.全面建设小康社会的高等职业教育发展目标的研究.
　　http://www.baidu.com/link？url=bxMmIapAwLNS8IEtS68hrZRPUrEtS2OLoo-tLg-EuohCEA1KWG-pWgrILvJXgVJ0-cPTgWT_1EUPYAVRsloc4sW_XaxGxbx4NbqsccYgLGVA8k1cWyqmkJVYTODz3G1q.

赖经验技术和动作技能来工作。而作为职业教育体系重要组成部分的高等职业教育，在现代"大职业教育"或"职业技术教育与培训"（TVET）所涵盖的培养目标体系中，大多属于培养技术型人才的"技术教育"。

从我国历史发展上看，从清末实业学堂的"授高等工（农、商）业之学理技术，使将来可经理公私工业事务（农务产业、商务及会计），及各局厂工师并可充各工（农、商）业学堂之教员管理员"，到民国时期专门学校的"教授高等学术养成专门人才"和专科学校的"教授应用科学养成技术人才"；从新中国成立后高等专科教育培养"获得工程师初步训练"的"高等应用性专门人才"，到1998年教育部要求高等职业教育"培养生产、服务、管理第一线需要的实用人才"，再到2000年正式将高职高专教育统一确定为培养"高等技术应用性专门人才"，总之，我国高职院校的培养目标清晰地定位于通过实施"技术教育"，培养技术型人才，这与国际高职教育发展的普遍趋势相一致。

但是，自从"高等职业教育"这个概念在我国出现以来，教育行政部门对高职教育培养目标的具体表述却几经发生变化。近几年来，教育部进一步加强了对高等职业教育人才培养模式改革的宏观指导，2004年在《关于以就业为导向，深化高等职业教育改革的若干意见》中提出要"加大人才培养模式的改革力度，坚持培养面向生产、建设、管理、服务第一线需要的'下得去、留得住、用得上'，实践能力强、具有良好职业道德的高技能人才"；2006年《教育部关于全面提高高等职业教育教学质量的若干意见》进一步将高职教育培养的"高技能人才"明确定义为"高素质技能型专门人才"。这些培养目标表述上的调整，反映的是当前经济社会发展对紧缺人才需求重点的变化，同时也说明了高职教育的培养目标不宜单一化。可以看出，我国的高职教育除了培养技术型人才，同时也将相当部分的技能型人才划入培养范围，这是与我国不同阶段的国情相符的。

本书研究的"高职"是指高等职业技术教育，是职业教育的高级阶段，主要培养面向基层、生产、服务和管理等领域的高级的实用性技术技能型专门人才，它重在培养学生特定岗位的操作能力与具备相当程度的理论知识，并且通过培养及锻炼学生的迁移能力，使其能够将理论设计方案转化为具体实践规划，获得创造性技能。高等职业技术教育是一种时代性和区域性较强的高等教育类型，从专业设置来看，最初将以工科为主，但是随着各领域技术含量的提升，专业设置将不断地向管理、经营、服务类行业发展，并逐步涉及各种职业类别。

四、教育模式

教育制度、教育目的、课程和教材等要素的组合与运行构成了教育模式，它是一种兼具代表性与典型性的宏观控制系统，是为实现某一特定的培养目标所实施的教育组织原则与形式。宏观层面上，教育模式被划分为国家的学校教育模式与理论上的学校教育模式，其中由国家和权威部门所颁布实施的教育模式即是国家的学校教育模式；而由社会教育理论家通过研究学校教育发展前景所提炼的体系化教育思想则被称作理论上的学校教育模式。国家的学校教育模式与理论上的学校教育模式各自随着实践的发展而发展，并拥有其特定的历史定位，在我国教育教学体系中主要表现为，国家的学校教育模式是教育历史发展的结果与面向未来发展的起点；而理论上的学校教育模式是针对现实教育模式而言的，则极具有探索性与创新性，虽然大多是纸上谈兵，却在一定程度上指引着教育模式不断地去修正路径与发展方向。

五、中高职衔接的教育模式

中高职衔接是指依据终身教育理念，高等职业院校对口招收中等职业学校毕业生，以实现中职毕业生就业与升学的双向选择，从而拓展中职毕业生的生存与发展空间，目的是培养出满足区域经济社会发展需求的高素质应用性技能型人才。中高职衔接不仅仅是学校教育体系内的中等与高等职业教育的衔接，还应包括与非学历教育领域中的各种职业培训的衔接，是职业教育体系内的有效衔接。中高职衔接的教育模式是目前我国职业院校采用的一种新型的教育模式，是指在基于影响中高职衔接的制度政策、招考方式、专业设置、课程设置等因素相互衔接的前提下，实现中等职业教育与高等职业教育的合作，以期共同培养高素质应用性技能型人才的教育模式。具体来说，在为社会培养合格的劳动者这一目标指导下，通过中高职衔接，将学生的理论学习、实际操作与技能训练紧密结合起来，分层次教学，以提高职业教育的整体教学质量和未来劳动者的职业素质，并增强中职毕业生双向选择的可能性，最终适应产业转型升级的需要，并促进区域社会经济的可持续发展。

六、中高等职业教育协调发展

（一）中高等职业教育协调发展的内涵解读

"发展"作为系统或一个要素的演化过程，可能是以一个要素或结构的牺牲为代价的；"协调"则是指系统中的两个或两个以上要素保持和谐、理想的状态，并非以一个要素的毁灭为代价；"协调发展"则是二者的融合，指两种或两种以上要素相互配合、相互促进，达到最优化，实现由低到高的复杂演化过程，强调的是综合、整体发展，而不是单一发展。

中高等职业教育的协调发展不仅表现为职业教育体系内部中等与高等职业教育的协调发展，还包括职业教育与外在环境关系的协调一致。依据系统论的观点，中高等职业教育的协调发展应是一个持久的、全面的、科学的发展过程，它包括两者发展规模的适度、质量水平的提高以及结构的趋于合理化，此外，还包括职业教育与所处环境的协调发展，即职业教育的协调发展要服务于自然环境、经济环境、人文环境和民生环境的不断改善。因此，可将"中高等职业教育协调发展"内涵定义为：职业教育体系内部中等职业教育与高等职业教育各自的构成要素（如规模、结构、质量等）之间在现实起点基础上，依据终身学习理念，遵循职业教育的本质特征与规律，兼顾教育主体的发展规律，经过科学推理、顶层设计和统筹安排，在一定的制度保障、质量保障、服务保障的前提下，为了适应经济发展方式的转变、产业结构调整和社会发展的要求，有计划、有目的相互配合、相互促进的发展过程，以达到在整体提高基础上的全局优化、结构优化和个体共同发展的理想状态。

（二）中高等职业教育协调发展的基本特征

中高等职业教育协调发展实质是实现两者相互衔接、持续、兼顾、协调的发展，以及内部与外部的各要素之间的相互促进与协调发展，以达到规模适度、质量提升、结构合理、效益显著的发展目标。中高等职业教育协调发展在理念上，以人为本，体现终身教育思想；在实施上，促进职业教育资源配置更均衡，人们接受职业教育的机会更均等。总之，中高等职业教育协调发展具有以下五个方面的基本特征：一是价值观的决定性。中高等职业教育协调发展必须树立起正确的发展价值观念。二是历史的继承性。任何一个国家和民族的职业教育发展都具有历史继承性，中高等

职业教育协调发展本身就包含着对我国职业教育历史的"扬弃"。三是条件的制约性。从我国经济社会发展的客观条件出发是实现中高等职业教育协调发展的必然选择。四是内容的时代性。中高等职业教育协调发展必须确立长期的战略目标，调整发展思路，实现从规模扩张到质量提升的转变。五是过程的规律性。尊重客观规律、一切从实际出发是中高等职业教育协调发展的核心思想。

第二节　中高等职业教育协调发展的理论基础

中高等职业教育协调发展是在我国经济转型、发展方式转变、产业结构调整升级、社会环境可持续发展和人的全面发展的背景下开展的，也是我们贯彻落实科学发展观的重要举措。科学发展观的第一要义是发展，核心是以人为本，基本要求是全面、协调、可持续发展，根本方法是统筹兼顾。因此，研究促进中高等职业教育协调发展的体制、机制和模式创新等问题，首先应该以科学发展观为指导从理论上对国内外的学术专著中有关协调发展的相关论述进行分析，为研究中高等职业教育协调发展提供理论依据。

一、人力资本理论

人力资本理论的核心思想认为劳动力数量与质量的提升是社会经济增长的源泉。舒尔茨认为，人力资本是体现在劳动者身上的一种资本类型，它以劳动者的数量和质量，即劳动者的知识程度、技术水平、工作能力以及健康状况等来表示的，是这些方面价值的总和。无数的实践证明，人力资本投资收益率超过物力资本投资的收益率，人力资本在各个生产要素之间发挥着相互替代与补充的作用。现代经济发展已经不能单纯依靠自然资源和人的体力劳动，它要求不断提高体力劳动者的智力水平，以此来代替原有的生产要素。因此，由教育形成的人力资本资源在经济增长中将会更多地代替其他生产要素。例如，在农业生产中，农民受教育水平的提升与农业科学研究成果的推广与应用，可以有效地代替部分土地所发挥的作用，来促进经济的加快增长。

人力资本的积累是社会经济增长的源泉，是提升国家竞争力的引擎。2008 年，联合国科教文组织（UNESCO）发布《职业教育与培训：重新进入发展议程中》提出，技术与职业教育（TVET）与充分就业机会密切相关，通过帮助人们扩充技能、提高生产力，从而有利于形成一个更强大、更具竞争力的经济实体。当前，我国是人口大国，具有巨大的待开发的人力资源储备，全面强化人力资本投资，全面开发人力资源，可以使我国由人力资源大国向人力资源强国迈进。不可否认，职业教育是全面提高人口素质，实现人力资源开发的重要途径。在社会主义现代化建设进程中，中国不仅需要创新拔尖人才，还需要培养大量高技能人才和高素质劳动者。大力发展职业教育，促进中高等职业教育协调发展，是当前中国职业教育面临的历史性任务。

二、终身教育的理论

终身教育理论的奠基人和终身教育运动的积极推动者是法国人保罗·朗格朗先生，他曾在1965年12月，联合国教科文组织在巴黎召开的"第三届促进成人教育国际会议"上作了题为"Education Permanente"学术报告，保罗·朗格朗先生认为：终身教育所意味的并不是指一个具体的实体，而是泛指某种思想或原则，概括而言是指人一生的教育与个人及社会生活全体教育的统合。该报告引起了与会专家和有关组织的极大轰动，这标志着终身教育作为一种国际教育思想正式确立了。此后，联合国教科文组织将"Education Permanente"改译为英文"Lifelong education"（终身教育）。保罗·朗格朗的代表作《终身教育论》在上世纪70年代后期被介绍到我国，在我国也引起了极大反响，1995年全国人大通过并颁布了《中华人民共和国教育法》，其中明确地提出在我国应该建立和完善终身教育体系，这最终确立了终身教育在我国的地位。

终身教育是学习者在一生中所接受教育的总和，包括正规与非正规教育，学校与社会培训教育，其核心理念是让教育贯穿受教育者的一生，为每一个受教育者在最需要的时候提供必要的知识与技能。终身教育把各种教育层次和阶段连接起来，使教育实现可持续发展，为每一个学习者在不同阶段的学习提供了可能，可见，终身教育的本质特征是整合性。终身教育是教育在时间上的整合，贯穿于人的一生，人在某一时段所接受的教育，是由先前的教育所决定或影响的，又将对未来的教育起决定或影响作用，体现纵向一体化原理；终身教育是教育在空间上的整合，是教育与生活的整合，是学校教育、家庭教育、社会教育的整合，体现横向一体化原理；终身教育不仅是教育内部一切因素的整合，而且是教育与其外部诸因素的整合，体现多元立体化原理。

  从职业教育的本质来看，无论是中等职业教育还是高等职业教育，给予学生的将不再是一劳永逸的知识与技能，其重要使命将是为学生的技能与可持续发展提供基础或搭建阶梯，使他们具有终身学习的能力。联合国教科文组织提出技术与职业教育应与各级各类教育和职业界相沟通，将个人的教育需要、职业的发展及工作经验都看作是学习之组成部分，通过建立开放和灵活的教育结构，促进弹性入学，使职业教育与培训成为终身教育的一个重要组成部分[①]。终身教育思想将使我国的职业教育获得新的努力方向与发展启示，以终身教育为依据中高等职业教育协调发展将是我国终身教育体系中的必要环节。

三、系统论

  系统是相互联系或相互作用的诸元素的集合。系统论不仅仅是反映客观规律的科学理论，同时也具有科学方法论的意义，所有系统共同的基本特征均是整体性、关联性、等级结构性、动态平衡性、时序性。其中，整体性是系统论的核心思想。贝塔朗菲用亚里斯多德的"整体大于部分之和"的名言来阐明系统的整体性，任何系统都不是各个部分的机械组合或简单相加，而是一个有机的整体。同时，系统也不是孤立的和封闭的，它需要不断地与外界环境进行着物质、能量与信息的交换，以维持正常的运转，因此，要从整体上把握事物的全貌，了解系统内部整体与部分的联系，了解系统内外的联系。这种联系往往通过两种相反的现象体现：一是彼此互相匹配，合力远大于个体力量；二是互相发生冲突，产生内耗，合力远小于个体力量。

  用系统论的观点看，中等职业教育与高等职业教育可以被认为是职业教育系统中的两个类别相同但层级不同的子系统。子系统总是存在着自发的无规则的独立运动，同时又受到其他子系统对它的共同作用——即协同原理。这两个系统的自身发

[①] 联合国教科文组织. 修订的关于职业和技术教育的建议书.
http://www.tech.net.cn/web/articleview.aspx？id=2010032600031&cata_id=N041.

展以及社会经济发展对它的要求，还有职业教育学习者对职业教育不断攀升的内在需求，使两个系统之间不断发生相互交流与沟通，这就是产生中高职衔接的动力因素。在系统论的导引下，中高职衔接的系统模型也就转化为两个系统间衔接通道的模型。

当今时代职业教育由于发展势头较快，不可避免地在招生制度、学制、教学目标、专业设置、课程衔接等方面出现问题，其中，中高职衔接的割裂与脱离已成为当前职业教育的热点问题。要想改变中等职业教育与高等职业教育各自为政互不干涉的状况，实现中高职教育协调有序发展，必须把我国职业教育看成一个系统，将两者置身于整个大的现代职教体系中，研究职业教育各子系统之间和各要素之间的关联与协同发展机制，重新对两者进行目标定位、整合与排序。教育部关于《推进中等和高等职业教育协调发展的指导意见》（教职成〔2011〕9号）对中高职的地位进行了明确说明："中等职业教育是高中阶段教育的重要组成部分，重点培养技能型人才，发挥基础性作用；高等职业教育是高等教育的重要组成部分，重点培养高端技能型人才，发挥引领作用。"总之，职业教育的发展必须树立系统培养的理念，在专业体系、课程体系、教材体系、教学模式、考试评价模式等方面要系统地考虑不同层次之间的关系，改变职业教育中存在的脱节、断层与重复的现象，科学布局中等职业教育、高等职业教育、应用型本科和专业学位研究生等人才培养的规格、梯次与结构。因此，必须以系统论为理论基础，运用其所提供的新思路和新方法，探索适合中高职衔接的教育模式，才能实现职业教育的可持续发展。

四、以人为本理论

20世纪90年代以来，以联合国为首的国际组织开始关注人类发展的核心问题，认为把人的选择与能力放在发展的核心位置，发展必须始于人并以人为中心，这就是以人为本的核心思想。即在经济发展中既不要损害人类当前的福利，也不能损害后代的利益，应该使全体人民广泛地参与发展活动的所有领域和所有层次，以全面提高人的生活质量为发展的终极目标。发展的目的是使人们的物质生活状况得到改善，使人们的价值获得更为适宜的实现空间，使人们的生活方式得到优化，使人们的能力得到不断的提高。综上所述，以人为本的基本内涵可以概括为四句话：必须把依靠人作为发展的根本前提，把提高人作为发展的根本途径，把尊重人作为发展的根本准则，把为了人作为发展的根本目的。

以人为本的教育是把教育的重点移向人本身，在教育中要求将人的全面发展放在中心位置，尽快改革只重知识传授，忽视人格培养的倾向；提倡有个性的发展，注重培养人的创新精神。以人为本的教育本质上是指以促进人身自由、全面发展为根本的教育理论与教育模式。在教育与教育机制的构建中都要充分考虑到人的需求与尊严。唤起学习者对知识的渴望，对工作的需求，对生活的追求，以提高人生的意义与价值，从而实现自我超越。以人为本的教育要教会人们学会学习、学会做人、学会生活、学会工作、学会创造。

目前，职业教育的培养目标存在工具论的倾向，把学生当作是符合经济发展的工具，按照市场需求来培养学生。同样，从中高职协调发展的角度，使职业教育学生的技能从低级向高级阶段延伸也在某种程度上体现了带有一定局限性的工具论。基于以人为本的理念，作为职业教育主体的学生也有其可持续发展的需要。因此，在职业教育教学中，教师要充分考虑学生自我提升的要求，为学生打通上升通道，以实现学生自我价值提升与生活质量提高的愿望。

五、教育学和职业教育学理论

教育学和职业教育学理论揭示了职业教育发展的规律，为中高等职业教育协调发展提供了重要的理论依据。我国古代教育家孔子针对学生的教育方法，提出了"因材施教"之说。战国时期的教育名著《学记》对于教师有效地育人提出了鲜明的见解："道而弗牵，强而弗抑，开而弗达。道而弗牵则和，强而弗抑则易，开而弗达则思。……善歌者，使人继其声；善教者，使人继其志。"中国教育家陶行知在20世纪上半叶倡导"生活即教育，社会即学校，教学做合一"。我国近代职业教育的开创者黄炎培先生曾指出，职业教育要"让无业者有业，让有业者乐业"，他还说："职业教育之旨有三：为个人谋生之准备，一也；为个人服务社会之准备，二也；为世界、国家增进生产力之准备，三也。"

六、发展经济学理论

发展经济学认为，经济发展不仅包括经济增长这一量的扩大，还包括产业结构的演进，产业层次的提升，经济组织活动的改进，经济体制与制度的革新以及经济生活诸多方面质的变化。根据发展经济学理论，职业教育发展目标是提升国民接受教育的程度与水平，使其获得生存技能的同时，也使其所培养的人才适应经济发展的需求。因此，职业教育发展应更多地从发展经济学角度对自身的发展进行预测与分析，使职业教育的层次、规模、结构、质量、效益相互协调发展，并能够与经济发展相协同。

第二章 中高等职业教育协调发展的缘起

现代职业教育体系是一个对外顺应经济社会发展，对内实现有效衔接、协调发展的人才培养系统，职业教育要为现代产业体系建设服务，必须促进中等与高等职业教育的协调发展，才能系统地提升职业教育服务经济社会发展的能力和支撑国家产业竞争力的能力。

第一节 中高职协调发展是职业教育自身发展的诉求

一、高等职业教育特色兴校的关键

高等职业教育与普通高等教育虽然同属高等教育范畴，但却属于两种类型的教育，具有不同的培养目标。普通高等教育的目标定位为培养理论型、学术型、工程型、设计型人才；而高等职业教育的目标定位为培养生产、服务、管理一线需要的实践应用性技术技能型人才。因此，不能把高等职业教育看作是普通高等教育的附庸，把专科层次的高等职业教育看作是本科层次普通高等教育的"压缩饼干"，高等职业教育向学生传授的是经验性、操作型技术，主要培养高级"蓝领"，即一线操作技术人员；而普通高等教育向学生传授的是科学型技术，主要培养学术型、工程型人才，因此，两者人才培育类型截然不同，而具有一定经验性、操作型技术基础的中职毕业生就顺理成章地成为高等职业教育适宜的培养对象，因此，为了促进中高等职业教育的协调发展，高等职业院校可以通过实施加大对口招生比例等措施，逐渐形成自己专有的招生领域与招生系列，加大中职生源的数量不仅是适应高职教学的需要，还利于高职培养目标的实现，更有利于职业教育办出特色、办出水平。

二、中等职业教育可持续发展的必然选择

一是我国职业教育从新中国成立初期到20世纪90年代经历了辉煌的发展阶段，其间，中等职业教育曾经成为优秀初中毕业生的首选，以就业为导向的职业教育为我国经济发展输送了大批优秀的技术技能型人才。90年代末以后，随着经济的快速发展以及高等教育大众化的到来，社会对人才规格的要求越来越高，而中职学校所培养的技能型人才狭隘的发展空间已经严重阻碍了职业教育的健康发展。我国职业教育的可持续发展迫切要求拓宽技能型人才的上升渠道，以满足学生的升学需求。中高等职业教育衔接可以为中职学校的部分优秀毕业生创造继续深造的机会，满足学生及其家长对高学历的追求，有利于增强中等职业教育的吸引力，还可以有效解决中职学校招生困难等问题，缓解中职学校生源的滑坡现象，有利于中等职业教育的稳定与可持续发展。

二是在快速发展职业教育的大背景下，中职教育虽然在整合资源、调整布局、扩大规模上，不断跨上新的台阶，但是在快速发展的同时，也隐含着毕业生就业质量不高、缺乏主动适应职业岗位变化的能力、创业精神与创新意识不足、可持续发展能力差等诸多问题。中高等职业教育衔接将有利于提高中职学校的教学质量，有利于调动师生教与学的积极性，有利于加快中职学校实施素质教育的步伐，更有利于解决中职学校升学与就业双重目标可能存在的矛盾，是中等职业教育可持续发展的必然选择。

三、构建现代职业教育体系的需要

《国家十二五教育发展规划》指出："到2020年要形成适应经济发展方式转变、产业结构调整和社会发展要求，体现终身教育理念、中等和高等职业教育协调发展的现代职业教育体系。"国务委员刘延东同志也指出，建设现代职业教育体系可以用三句话来概括，这就是"适应需求、有机衔接、多元立交"。适应需求就是要适应经济发展方式转变，适应现代产业体系建设和人的全面发展；有机衔接就是要统筹协调中高等职业教育的发展，以课程体系衔接为重点，切实增强人才培养的针对性、系统性与多样性；多元立交就是要改变一考定终身，推动职业教育与普通教育、

继续教育之间相互沟通，实行全日制与非全日制教育并重，探索建立职业教育人才成长的立交桥。

总结发达国家职业教育的成功经验可以看出，只有职业教育内部各层次、各要素之间有机衔接、协同发展，才能促进现代职业教育体系的形成与完善，才能充分发挥职业教育作为推动社会经济发展及促进就业增长的保障作用。中高等职业教育协调发展可促进教育结构体系更趋于合理化与有序化，为高等职业教育向本科以上层次延伸打下良好基础，使得职业教育像普通教育一样，逐渐构筑起牢固的链式衔接，获得与普通教育一样的平等地位，在培养不同类型的人才方面充分发挥其不可替代的作用。因此，中高等职业教育协调发展已成为我国构建现代职业教育体系的必然之路。

四、满足中职学生升学的必然之路

根据教育部职业教育中心研究所研究员刘育锋对重庆、广东、广西、北京等地中职学生的调查发现，希望升学的中职学生将近70%。中国职业技术教育学会期刊编辑委员会对重庆、河南、广西、吉林、浙江、上海等地中职学生的调查也显示，81.6%的重庆中职学生愿意升入高职，河南为74.59%，广西为70.58%，吉林为61.84%，浙江为54.97%，上海为35.59%[1]。可见，大部分中职毕业生都有升入高职的愿望（六地区平均值为63.20%），希望通过升学获得提升自身综合职业能力的机会，为自己将来获得更好的发展空间，也能提升自身的生活水平做能力储备。

---

[1] 李玉珠.中高职协调：理想设计与现实难题[J].教育与职业,2012（5）:30.

第二节 中高职协调发展是国家经济转型升级的刚性需求

一、转变经济发展方式的新要求

21世纪,经济全球化和经济知识化的浪潮深刻影响着我国经济的发展。"十二五"规划指出,当前我国工业化、信息化、城镇化、市场化、国际化深入发展,经济结构转型不断加快,未来我国将以科学发展为主题,加快转变经济发展方式,未来十年,我国要在资源和能源都有很大约束的条件下实现科学发展,必须要转变经济发展方式;而经济发展方式的转变必然带来教育发展方式的转变;而教育发展方式转变的根本点就是调整和优化教育结构;而优化教育结构的重点是必须把职业教育放在经济社会发展和各级各类教育发展更加突出的位置上,加快推进现代职业教育体系建设,改变职业教育与其他教育之间以及职业教育体系内部发展不协调等问题,科学布局中等职业教育、高等职业教育的人才培养的规格、梯次与结构,为社会培养大批的适应发展方式转变与经济结构调整需要的高素质技能型人才。

二、建设现代产业体系的强大动力

发展结构优化、技术先进、清洁安全、附加值高、吸纳就业能力强的现代产业体系,已成为"十二五"规划的重要目标之一。产业结构决定了人才需求,促进经济发展由主要依靠第二产业带动向依靠第一、第二、第三产业协同带动转变,由主

要依靠增加物质资源消耗向主要依靠科技进步、劳动者素质提高、管理创新转变，所有这些都对我国人力资源的结构和素质提出了新的更高的要求，更是对职业教育的发展提出了新的目标与任务。

分析国家"十二五"规划纲要，从经济角度来看，"十二五"规划纲要特别强调了建设和发展现代产业体系对于转方式、调结构、促升级、惠民生的重要意义。由此出发，服务现代产业体系建设，解决我国产业竞争力问题、产业升级问题以及产业结构调整等问题，就构成了当前我国人才结构调整和教育改革的最大动力。从服务国家大局来看，教育首先要为发展现代产业体系服务、为社会经济发展服务。所以，完成现代职业教育体系的目标与任务就是切实服务于现代产业体系建设的目标、内涵、结构和要求。

三、建立合理人力资源结构的必然之路

实现产业结构优化升级需要突出发挥科技进步与信息化的推动作用，是向知识经济成功跨越的必由之路，因此，党的十八大明确指出：要坚持教育优先发展，建设人力资源强国，以求服务于我国实现经济转型升级，提升中国制造水平，加快中国创造步伐的战略目标。经济结构和产业结构决定人才结构，人才结构决定教育结构，教育结构的不合理会引起人才培养结构的不合理。合理的人力资源强国的人才结构应该是由多元、多样化的人才构成的。随着产业结构的不断调整与优化升级，调整优化人才培养结构的任务迫在眉睫。经济发展方式由传统的劳动密集型向技术密集型和知识密集型转变，迫切需要一大批具有较高水平的技能型、技术型实用人才及管理、经营与服务人才，这不仅在数量上，更是在质量、规格和层次上对职业教育提出了更高要求。

为了满足经济发展方式转变、产业结构调整升级对人才结构的需求，国家对职业教育做了诸多战略部署；党的十八大报告首次明确提出"加快发展现代职业教育"；《国家中长期人才发展规划纲要（2010—2020年）》提出，到2015年，我国高技能人才总量要达到3400万人，2020年要达到3900万人，其中技师、高级技师达到1000万人左右;《国家高技能人才振兴计划》提出高职教育要适应走新型工业化道路、加快产业结构优化升级的需要，加强职业院校和实训基地建设，培养造就一大批具

有精湛技艺的高技能型人才，到2020年，在全国建成一批技能大师工作室、1200个高技能人才培训基地，培养100万名高级技师。而目前，全国职业院校在校生约3100万人；每年培训农村转移劳动力超过1.5亿人次[①]。中高职协调发展是全面提高国民素质、把我国巨大的人口压力转化为人力资源优势的重要途径，是对我国经济社会发展迫切需求高素质技能型人才的积极回应，是加快建设人力资源强国的必然要求。职业教育只有发挥自身的类型优势，系统地培养数以亿计的技能型人才，特别是高端技能型人才，才能支撑我国2020年进入人力资源强国战略目标的实现。

---

①刘延东.加快发展现代职业教育 为实现中国梦提供人才支撑.
http://www.ahgj.gov.cn/66/view/2116.

第三节 中高职协调发展是时代发展的必然要求

一、现代科技发展日新月异的新要求

当前,我国正处在经济转型时期,在科学发展观的战略指导下,科学技术进步和生产发展促进了产业结构的调整与优化,走新型工业化道路是我国经济发展的必然选择,依靠熟练操作技能等创造价值的劳动越来越多地被自动化、机械化所替代,科学技术被广泛应用于现代生产领域,日渐成为重要生产力。经济发展和科技进步带动了职业结构的升级换代,从根本上改变了社会的就业方式,这既是经济发展的结果,也是经济发展的动力。在这互为因果条件的推动下,职业结构形态变化的典型表现为:一是许多传统职业在不经意之间消失,而大批新职业又以超出我们想象的形式与速度显现在社会生产和生活中;二是由于信息及计算机技术的普遍应用,提升了许多传统的职业内涵,新的生产方式与管理理念及新的社会消费方式促成了许多职业功能的分化与融合,很多职业的基本形态即使没有改变,但其内在的技术、功能和工作方式都发生了脱胎换骨的变革。使得现代职业劳动出现了三大变化,即由体力劳动向脑力劳动、由动作技能向心智技能、由个体独立劳动向群体合作劳动转变。职业结构和产业结构的变化,对劳动者提出了更高更新的要求,除要求劳动者具备某个岗位的知识与技能外,还要求劳动者具备获得与利用信息,进行思考、分析与判断问题的能力,具有学习新技术的能力,具有交流合作、适应环境、适应工作转换等方面的能力等等。这就要求通过中高等职业教育的协调发展,提升学生的综合职业能力与可持续发展能力,以适应社会经济发展与科技进步的呼唤。

二、职业教育应对知识经济的新任务

（一）知识经济的内涵

知识经济把人们带入了一个新的经济形态，它不同于传统经济。在知识经济条件下，以知识、信息为核心的知识型产业成为社会经济的主导产业，它可以依靠自身知识的积累与创新，依靠自身的智慧与学识，走出一条全新的经济发展之路。

知识经济代表了当代新经济的主要特征。1996年OECD在其发表的《1996年科学、技术和产业展望》报告中，全面系统地阐述了知识经济，并对之做了比较明确的定义："知识经济是以知识为基础的经济，这种经济直接依赖于知识和信息的生产、分配和使用。"[①]

（二）知识经济的主要特征

关于知识经济，人们大多是通过它与传统农业、工业经济相比较来把握的。有研究者指出，相对于传统经济而言，知识经济实现了五个转变：从有形资产向无形资产转变；从狭义的信息资产向广义的知识资产转变；从技术自身的创新向知识生产的基础能力创新转变；从知识本身的获取向求知能力开发转变；从重视引进模仿能力向强调创新能力转变。总之，知识经济的发展使得工作性质发生了根本性变化，归纳起来知识经济的主要特征表现为：

1. 非熟练、半熟练工作大量减少，知识型工作大量增加，工作的完成更多地依赖个体的知识、判断能力、问题解决能力，以及对工作的积极态度。这种变化使得泰罗时代存在的那种被动、机械的技能型技术工人已成为历史，而主动的、弹性的智慧型技术工人已成为现代产业的主要支柱。

2. 固定工作减少，部分时间制工作增加，工作流动加快，更换职业成了非常普通的事情，要求个体不断提升自身的职业岗位转换能力及就业创业能力。

3. 技术革新造成许多工作合并，使得工作范围拓宽，在现代工作中，同一岗位上的个体相对以前来说要做更多的工作，要求个体不断提升自身的综合职业素质与能力。

---

① 邓克敏,蒋磊.知识经济与创新能力[J].河南科技,2001(3):8.

4. 技术更新速度加快，导致工作类型和工作内容更新速度加快，这就要求个体具备一定的可持续发展能力。

5. 现代的工作更多的是一种团队组织的工作，要依靠群体合作来完成，而不是靠个体独立工作来完成，要求个体具备一定的团队合作能力与沟通协调能力。

（三）知识经济对职业教育的挑战

知识经济背景下工作性质方面发生的变化，对传统职业教育目标提出了重大挑战，主要有三个方面：一是由于工作中知识含量增加，使得人才培养类型从技能型工人向知识型工人转变；二是工作范围的拓展，需要职业教育从单一技能的培养向"多面手"培养转变，一个技术工人往往需要掌握以往几个工人的工作内容；三是工作组织形式的变化，职业教育培养的人才不仅要具有单独解决问题的能力，而且要具备团队合作精神。

知识经济对于职业教育的挑战，可以具体地表现为：

1. 知识经济要求职业教育的目标多样化。知识经济带来了学习化社会，在这样的社会里，职业教育可能不仅仅具备为就业做准备的功能，还要体现其他功能，例如美国的社区学院除了就业功能外还有升学、休闲和社会服务等功能。另外，从知识经济的本质来看，职业教育的目标不仅仅是传播知识，更重要的是创新知识。由此，职业教育的目标显然不能再单一化了。

2. 知识经济要求职业教育的对象扩大化。随着职业教育功能与层次的增多，接受职业教育的人亦从过去的只有中学生年龄段扩增到从5岁至65岁的大跨度的年龄阶段。

3. 知识经济要求职业教育课程内容不断进行更新。课程内容的更新必须与社会所需要人才的能力挂钩，诸如"知识工人"要具备创造性思维能力、基本的生存能力、适应变化的职业能力、获取知识的能力、会使用信息技术、能够进行技术研发的能力等，因此职业教育的课程内容就应当围绕这些能力来进行设计、开发与实施。

4. 知识经济要求职业教育专业设置跟随产业进行调整。知识经济对社会产业结构的调整，必然引起对人才类型需求的变化，那么我国的战略重点已明确了从第一产业向第二、三产业转变的趋势，就要求职业教育把专业重点转向第二、三产业，特别是突出第三产业类专业的发展。

5. 知识经济要求在职业教育中突显技术因素。知识经济的存在必然要求强大的技术支撑，它能确保知识的顺利流通与传播。当然必须将这一特点渗透到职业教育的方方面面，就是把技术培养融合到知识传播、知识创新、教学方式、学习平台与学校建设中，这已经成为知识经济对每个国家教育提出的明确要求。

6. 知识经济要求职业教育体系终身化。随着世界经济的发展，职业教育的层次在不断提升，并因各国经济发展水平的差异，重心会不断发生转移。过去的职业教育主要局限于中等教育阶段，而现在，各国已经形成了完整的职业教育体系，包括初等、中等、高等职业技术教育以及终身教育。

知识经济的浪潮已势不可挡，它将改变现有社会的方方面面，并以其特有的运作方式和所呈现的时代要求引导着职业教育改革与发展的方向。

三、高等教育大众化的迫切需要

（一）高等教育大众化理论

高等教育大众化是一个量与质统一的概念，量的增长指的是适龄青年高等学校入学率要达到15%~50%；质的变化包括教育理念的改变、教育功能的扩大、培养目标和教育模式的多样化，以及课程设置、教学方式与方法、入学条件、管理方式以及高等教育与社会关系等一系列的变化。根据美国学者马丁·特罗的研究，如果以高等教育毛入学率为指标，则可以将高等教育发展历程分为"精英、大众和普及"三个阶段。他认为当高等教育毛入学率达到15%时，高等教育就进入了大众化阶段[1]。

表 2.1　　　　　　　　　高等教育发展阶段[2]

高等教育发展阶段	精英型	大众型	普及型
整体规模（占同年龄层的升学率）	15%以内	15%~50%	50%以上
高等教育的目的	人格培育、社会化	知识及技能的传承	提供广泛的经验
高等教育的主要功能	塑造精英、支配阶级的精神与信念	培育专业化的精英及社会的领导阶层	培育能适应产业社会变化的国民

[1] 高等教育大众化 2013.12.25.http://baike.baidu.com/link？url=tTIwUnmntb_QAb0TIFWsZIy2NTDG5oTmEGU5UHwh5tX_Hx1jLY0fsyAmhQ54YJtH.
[2] 林俊彦，黄万成.台湾高等教育大众化趋势与技职教育人力发展规划之探讨,2001年海峡两岸高等职业教育（技职教育）论文集.

续表

| 甄选学生的方式 | 中等教育的成绩或依据考试方式选拔 | 能力主义个人教育机会均等化的理念 | 全民教育 |

（二）高等教育大众化的特征

在大众化教育时期，整个教育系统呈现出新的特征：一是出现多元人才观、质量观与发展观；二是教育竞争格局的改变使得职业教育地位上升，职业教育成为大众化的重要途径；三是教育一改原来的"高姿态"，转而注重市场的需求；四是教育资源不断优化，可调动所有能调动的社会资源办最出色的教育；五是"学历至上"受到冲击，形成新的就业观。

（三）我国高等教育的发展阶段

1999年，我国高校开始大规模扩招，2002年我国高等教育毛入学率已达到15%，历史性地进入了国际公认高等教育的大众化阶段，到2008年，我国高等教育毛入学率上升至23.3%，在校生总数达到2907万人。其中，高职院校从1998年的432所剧增至2008年的1184所，占到普通高校总数的52.32%，成为实现高等教育大众化的主力军。2010年之后我国高等教育大众化开始步入成熟期，正在由"大众型"向"普及型"转变，甚至在我国经济较发达地区，高等教育早已步入了普及阶段，例如广东省1991年普通高中毕业生升学率只有26.9%，1998年为42.7%，扩招第一年即1999年就达到56.9%。随着高中阶段教育毛入学率大幅度提高，普通高中毕业生逐年增加，且增幅大于普通高等学校招生计划的增长，因此，才会出现2003、2004年升学率超过80%，之后下降，2012年又上升为74.2%[①]。

（四）高等教育大众化对职业教育的积极影响

高等教育大众化是社会发展的必然趋势，而高等教育多样化是实现大众化的必经之路。由于社会需求的多样化以及人的个性、智力、需求、追求的目标以及愿意付出的代价又不尽相同，只有多样化的高等教育才能满足不同需求。美国学者马丁·罗特认为高等教育大众化对多数人来说，是扩大了入学机会，而高等教育的多样化则是用尽可能多的方法提供适合人们需要的高等教育。高等职业教育作为高等

---

① 加快广东高等教育大众化进程建立多元化的中高职衔接的人才培养模式 http://www.lwlm.com/gaodengjiaoyu/201308/702683p2.htm

教育的一个类型，是高等教育大众化的重要渠道，在许多国家备受重视，在发达国家，以技能为特征的职业教育迅速融入主流教育，将技能型人才与学术型人才并重，中等职业教育的学生进入应用型本科和研究生学习的道路畅通，不同层级贯通的职业教育体系完善。例如，德国把职业教育作为经济发展的秘密武器，多年来，在16-19岁的青年人中，接受职业教育的比例始终保持在70%以上。

当高等教育从精英培养走向大众化的时候，就开始了它服务经济社会、服务人全面发展的新旅程。在当今知识经济时代，人才的匮乏是最大的资源匮乏，接受高等教育人群的总量不足与结构性失调，就是生产力、创造力与竞争力的不足。高等教育规模扩大及其结构优化将同样成为我国高等教育大众化所要完成的重要任务，而且从长远看，这也是一条经济与社会可持续发展的道路，因此，做强职业教育，深化职业教育体制改革、人才培养模式改革是高等教育大众化的必然要求。

（五）高等教育大众化对中高等职业教育协调发展的挑战

从进入高等教育的机会与升学的条件来看，高等教育大众化所体现的规模扩大在很大程度上是高等职业教育做出的贡献，因为精英人才的培养由于其成本的因素不适宜规模扩大，而由于高等职业教育具有广泛的应用性、技术性特点，才更适合推广与普及，因此，加快发展高等职业教育将成为高等教育大众化的重要途径。

在高等教育大众化背景下，扩大高等职业技术院校招收中职毕业生的规模，巩固高中阶段教育的普及水平，加快建立中职教育衔接高职教育以及应用型本科的多种学历提升模式，是保证和加快高等教育大众化的需要。因此，应改变过去的"以就业为导向"发展中等职业教育为致力于建立多元化的中职衔接高职的人才培养模式，并将中等职业教育定位于高等职业教育的预备教育，拓宽中职毕业生升学渠道，促进中高等职业教育协调发展，这是加快高等教育大众化进程的重要举措。

第三章 中高等职业教育协调发展的历程

第一节　国外中高等职业教育协调发展的历程

现代职业教育的初次发展出现在工业革命后第二产业迅速崛起时。随着职业教育的发展，各国逐渐认识到其对社会经济发展和促进就业增长的不可替代作用，以及使其较快适应区域经济发展需要与劳动力市场的就业需求的重要性。因此，近年来很多国家开始对职业教育体系进行重新定位，并对职业教育衔接政策进行了调整。

一、新加坡中高等职业教育的协调发展

新加坡是个面积仅为 632 平方公里、人口 400 万的弹丸小岛，却在较短的 40 年期间发展成为政治稳定、经济发达的现代化国家，其取得成功的原因诸多，但其中一个重要的原因就是新加坡政府高度重视职业教育，把职业教育作为支撑产业发展、升级和提升国家竞争力的关键环节。据 2010 年 1 月 27 日公布的联合招生计划和理工学院联合特别招生结果显示，大约在 3.45 万名申请者当中，约 59% 进入理工学院。国家将人力资源视为唯一资源，把提高国民劳动力素质和终身受雇能力作为政府的首要职责。

新加坡职业教育发展的历程其实是不断适应新加坡工业化和现代化发展要求的历程。新加坡政府大约每 10 年进行一次经济战略调整，每一次，职业教育都要配合国家经济战略目标而进行调整，有计划地开展有组织的教育与培训，让劳动者知识与技能的更新与世界科学技术发展同步，以适应经济发展的需要。因此，伴随着新加坡经济发展的六个历史阶段，职业教育也经历了六个发展阶段，具体见下表[①]：

表 3.1　　　　　　　　　　新加坡职业教育的发展阶段

经济发展阶段	职业教育发展阶段	主要经济任务	职业教育形式与重点	主要措施
20世纪60年代	初步建立时期	实施工业计划；完善基础设施建设；解决就业问题	低技能劳动者	教育部设立工艺教育部门（1968）
20世纪70年代技能密集型经济工业成长时期	初步发展时期	经济转向外向型；降低失业率；建立与发展航空工业、医药工业、精密和机械工程、电子工业；生产自动化	培训；大学与工艺学院扩充培训设施，扩大招生人数；中等职业教育；建立技能型劳工队伍，解决劳工短缺的问题。	工艺训练局取代了工艺教育部门（1973年）；经济发展局成立了员工培训部，注重工业培训；请日本、美国专家协助培训；训练的模式主要按照德国的"双轨制"工艺培训系统进行；跨国合作培训计划；政府与荷兰菲利浦公司合办成立了金属加工训练中心（1975年）；工艺训练局与成人教育局合并改名为职业与工艺训练局。更新仪器设备
20世纪80年代资本密集型经济工业进行重组	蓬勃发展时期高等职业技术学校教育起步阶段	注重于高科技和高附加值的工业；提高生产力；本地产品的开发，以建立本地技术工业	培训；开始正规高等学校职业教育；中等职业教育；高等职业教育；培养学有专长的科技队伍、技术员人才，扩大劳工队伍	经济发展局设立了技能培训基金，以鼓励公司培训；成立三所新的培训中心及学院（日新训练中心、德新学院及法新学院）（1979-1982期间）；新加坡工艺学院、义安工艺学院1980年开始招收A水准学生
20世纪90年代	成熟发展时期高等职业技术学校教育迅速发展阶段	高科技、高工艺、高增值集约型产业；在30～40年内，将新加坡建设成为一流的发达国家（1991年）	培训与正规学校教育并举；中等职业教育与高等职业教育并举；培养中、高技能型人才	1990年4月成立淡马锡工艺学院、1992年4月成立工艺教育学院取代职业与工艺训练局管理10所工艺教育学院；南洋理工学院在1992年4月1日成立。1992年6月15日三所工艺学院全部改为"理工学院"

---

①田明欣. 从新加坡的职业教育看中国的职业教育. http://www.tech.net.cn/web/articleview.aspx？cata_id=n148&id=20110622214106840.

续表

1998年之后；知识经济时代	国际迈进时期	保持新加坡在全球的竞争力；将新加坡发展成为全世界的教育中心理工学院成为世界级学府	高等职业教育；高技能型人才；具有创新与企业家精神的人才	新加坡共和理工学院成立(2003年)；增加大学和理工学院的录取率；加强国际交留学生交换计划等

南洋理工学院院长林靖东，曾长期担任新加坡经济发展局人力资源开发署署长，在总结新加坡职业教育发展成功经验时指出：新加坡职业教育经过30多年的发展取得了令人瞩目的成绩，成功原因包括：一是国家较好地构建了合理的普通教育与职业教育体系，并妥善地处理了两者的相互关系；二是职业教育不是消极被动地等待国民经济发展的迫切需求，而是以一种超前的眼光与思维，针对国家甚至世界未来的技术发展趋势，能够组织超前性的校内外专业培训，主动地为引导产业结构的不断提升和国民经济整体水平的不断提高奠定最重要的人力资源基础。新加坡发展职业教育的宗旨为：用明天的科技，培训今天的学员，为未来服务。主要做法如下：

（一）构建普职互通的中高职衔接的职教体系

新加坡教育体系实施的是双轨并行、水准考试、多次分流的运行机制，多层次纵向衔接、横向互通的教育体系为学生创造了一条继续深造的道路，学生可以在职教与普教间多次跨越、层层提升。新加坡学生小学六年级毕业后，根据个人的学习能力及兴趣可分别进入初中学术课程班与工艺课程班，学术走向与工艺走向双向互通。初中毕业后参加剑桥普通教育证书（普通水准）会考，学生凭会考成绩和个人兴趣，分别进入高中、初级学院或工艺教育学院（中职）学习；工艺课程班的学生可以通过剑桥普通教育证书（初级水准）会考进入工艺教育学院。高中或初级学院毕业生可以通过剑桥普通教育证书（高级水准）会考进入大学本科或理工学院；工艺教育学院的学生可以参加高级国家工艺教育学院证书考试，进入理工学院，理工学院的学生学习成绩排在前20%的可以免试进入本科大学。总之，学生以课程成绩或证书考试成绩为依据，不再参加专门的招生考试，如理工学院学生进入本科，认定学分后可直接插入二年级就读。

新加坡建立了学历文凭与技术证书相互衔接融通制度。政府规定：国家三级技工证书、一年或二年的职业训练证书相当于初中毕业证书；二级技工证书相当于高

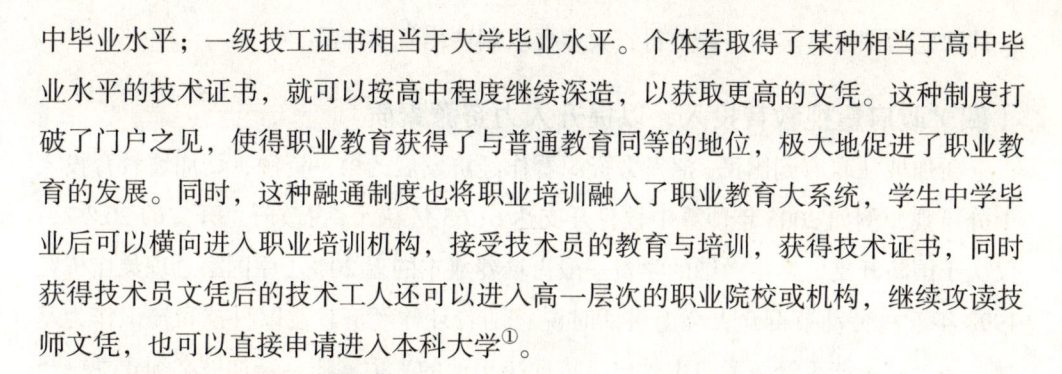

中毕业水平；一级技工证书相当于大学毕业水平。个体若取得了某种相当于高中毕业水平的技术证书，就可以按高中程度继续深造，以获取更高的文凭。这种制度打破了门户之见，使得职业教育获得了与普通教育同等的地位，极大地促进了职业教育的发展。同时，这种融通制度也将职业培训融入了职业教育大系统，学生中学毕业后可以横向进入职业培训机构，接受技术员的教育与培训，获得技术证书，同时获得技术员文凭后的技术工人还可以进入高一层次的职业院校或机构，继续攻读技师文凭，也可以直接申请进入本科大学[①]。

（二）建立专门性政府机构，发挥宏观调控职能

新加坡职业院校的招生计划由经济发展局、人力部、教育部三个政府部门共同制定，根据企业与政府的需求，按大类制定各类学校的招生专业与招生人数，平衡它们的招生专业数与规模，从入口处保证国家人力资源供需之间达到平衡。专业设置是由教育部、经济发展局与学校三方共同确定，可使不同层次职业教育在规模、质量、速度、结构方面适应经济发展的需要，最终使职业院校培养的人才符合企业的需要。

（三）创新了职业教育的运行机制

以高等职业教育为例。由于各国教育体制不同，新加坡高等职业教育由理工学院承担，包括南洋理工学院、新加坡理工学院、义安理工学院、淡马锡理工学院、共和理工学院共五所理工学院。理工学院顶层管理体系实行董事会领导下的校长负责制，董事会以企管专家为主，由大企业总裁、企业高级管理人员、教育部代表、国防部代表及工会代表组成，以监控为主，院长由教育部委任，学院在专业更新、课程设置及确定重大发展项目时，都会征求董事会意见。学院办学以人为本，重视自下而上的沟通，认为老师不仅是资源，更是资本，学校教师完全面向社会招聘，基本条件是5年实践经验、大学本科以上学历，聘期2年，薪金高于社会平均水平，学校每年将总经费的约5%用于教师培训，40%的教师与企业有合作项目，专业教师每隔2—3年到企业接受6个月或1年的培训。在教学上，理论与实践并重，许多课程直接在车间开设，实践考核大约占学生成绩一半以上，每年学生必须有8周时间在工商企业界实习，了解产品的生产过程及科技的最新发展动向，学生的毕业

[①] 刘峰. 新加坡"立交桥"式职业教育体系给我们的启示，职业教育研究2011（5）：178.

设计课题均来自真实的工业项目，大多要求制造出真实产品。

（四）政府重视教育投入，以提升人力资源素质

新加坡从政府到国民，把人力资源看作经济发展的第一资源，新加坡教育投入十分可观，例如2005年预算中教育开支达61.65亿新元，占政府总开支的20.8%，仅次于国防开支，学生缴纳的学费一般占培养成本的近20%。原国家总理吴作栋在1998年五一劳动节群众大会上讲话时说：随着环球经济日益以科技和知识作为基础，一个国家能否经济竞争中胜出，将取决于他的人力素质。新加坡必须建立一个全面的全国性终身学习制度，以便让我们的劳动队伍不断地接受再训练，同时鼓励每个人都把活到老、学到老当成本身的"义务"。正是新加坡这样的教育投入加上"人力资源+危机意识"使其在许多领域处于世界领先地位，保证了职业教育的发展速度和办学水平，大幅度提高了国民的素质，为国家储蓄了大量的人力资源。

二、英国中高等职业教育的协调发展

（一）培养目标的衔接

英国在20世纪80年代末和90年代初建立了国家职业资格证书NVQ、普通国家职业资格证书GNVQ，并在此基础上构建了5级国家资格框架NQF。英国学习者是经过11年的普通义务教育后，由延续教育体制提供学术教育的预科或职业教育，实施职业教育的机构包括延续教育学院和大学。延续教育学院为16岁以上学生提供普通教育课程、职业课程、预科课程等，其中大部分延续教育学院，主要针对不同工作岗位和不同级别职业资格证书的需要，开设不同的职业教育课程。为了使职业资格与学术教育资格衔接，2004年英国又将5级资格制度细化为9级资格制，使得国家资格框架NQF与高等教育资格框架FHEQ建立了有机联系。英国国家资格框架如表3.2所示。为了保障资格的全纳性，从真正意义上实现职业教育和普通教育的等值互换，2008年10月英国通过了资格和学分框架（QCF），并于2011年1月正式运行，从而形成了完全统一、全纳的国家资格框架体系，保障了个体学习多元化需求的实现。资格与学分框架（QCF）如图3.1所示。

表 3.2　　　　　　　　　英国国家资格框架

英国国家资格框架（NQF）		
原有的国家职业资格	国家资格框架	高等教育资格
五级	八极	博士学位
四级	七级	硕士学位
	六级	优等学士学位
	五级	基础学位
	四级	高等教育文凭
三级		
二级		
一级		
入门		

英国英格兰、威尔士和北爱尔兰资格和学分框架

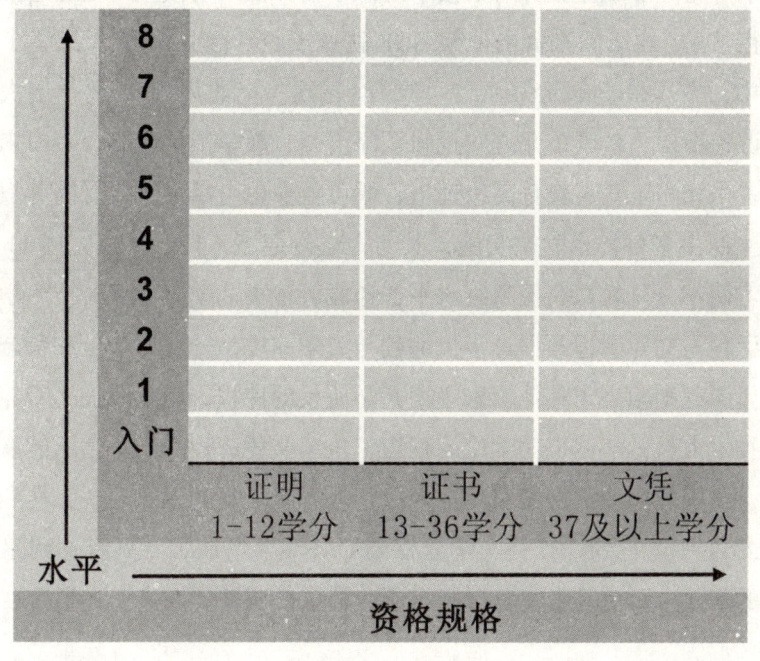

图 3.1　资格与学分框架（QCF）结构

35

英国的职业教育构建在统一的国家资格框架之下，该框架中，学术教育、职业技术教育和职业资格三种类型教育代表三种学习发展路径，且三条路径相互贯通，充分体现了普通教育与职业教育的平等地位。2—3级水平相当于中等职业教育，4级及以上水平相当于高等职业教育，各层级资格有效衔接。而且职业资格证书与学术资格证书在进入高等教育的通道上具有同等效力，如学生获得爱德思（Edexcel）颁证机构的BTEC职业教育文凭后，可以选择就业或者升入大学二年级或三年级攻读学位，两种资格证书间转接畅通。这样，职业教育可以依据国家资格框架下的各级职业资格标准组织教学，中等与高等职业教育之间通过各层级职业资格证书实现有效衔接，培养目标明确，层次分明。同时也使学生明确了职业生涯的发展道路，促进了终身学习。

（二）学制的衔接

英国中等与高等职业教育的衔接不是以学校体系来衔接，而是通过推行职业资格证书来衔接的。5级国家资格框架NQF就是按照各行业11大类设置了5个等级标准。其中，中职教学单元分为1、2、3三个层次，高职为4、5两个层次，第1层次与初中课程衔接，教学单元之间逻辑顺序清晰，教学衔接紧凑。一般来说，获得三级职业资格相当于普通教育高级证书，既可就业也可以继续接受高等教育。高等职业教育主要由多科技术学院实施，其与大学的起点一样，招收完成11年义务教育后又学习两年分科教育获得高级水平普通教育证书的学生，多科技术学院的课程分为学位课程与文凭课程两种，学位课程与大学一样，分普通学士和荣誉学士两种学位；文凭课程则相当于其他国家短期大学所设的课程，职业性强，培养一般的专业人员和技术人员，学制也比学位课程短，攻读文凭课程的毕业生不能取得学位。理论上说，英国的职业资格是目前世界上资格等级最高的国家之一，达到了博士学位水平。2011年运行的"资格与学分框架QCF"，增加了"只有达到累计学分才能毕业"的新要求，更是为中等与高等职业教育协调发展提供了有利的政策环境。

（三）教学的衔接

资格和学分框架（QCF）是承认技能和认证资格的一种新方式，它是以一种简洁的方式来呈现能力水平和学习量，保证了劳动者所需知识与技能的衔接要求，如图3.1所示，该框架涉及水平和学习量两个维度，内含学分、级别、学习量、学习单元和资格五个要素，是对资格做了更为细化的处理，赋予资格以学分。学习单元是QCF中最小单元，学分是按照学习单元授予的，学分经过累积与组合，便获得一个资格。这样中职课程与高职课程被统一细化成了学习单元，如表3.3所示。然后根据学习量大小的不同，经过13—36个学分的学习可取得资格证书，经过37学分及以上的学习还可取得文凭，学习单元之间逻辑顺序清晰，相互衔接紧凑，有效避免了任何重复学习，让教学过程中的效率达到最高，使学习者的学习更具弹性，从而更方便地享有学习机会。

表3.3　　　　　　　　　学习单元说明

名称	特定内容的说明
学习结构	期望学习者所需要认知、理解的知识以及应具备的能力
评估标准	证明学习者学习结果的特定标准

三、美国中高等职业教育的协调发展

（一）学制的衔接

本世纪初，美国将"职业技术教育"更名为"生涯与技术教育"，旨在通过有效地衔接高中教育与劳动力市场需求，促进高标准文化课程与职业生涯课程之间的衔接，保证学生避免接受重复的、断裂的职业技术教育，并最终帮助学生获得适合个人发展的职业生涯。通过这种职业生涯教育，学生可以取得副学士学位或者行业承认的证书，或者学士学位。2002年美国共有公立高中约18000所，其中88%提供生涯与技术教育课程，95%在校高中学生选择至少一门生涯与技术教育课程[1]，这为职普衔接提供了良好的融通平台。

2006年，美国为了使所有学生能通过努力达到知识与技能的较高水平，以便能在21世纪全球经济发展中谋得高技能、高薪酬及高标准的工作，颁发了《卡尔·D·帕金斯2006生涯与技术教育修订案》（帕金斯法案四），开始实施中学后"技术准备"教育。法案明确规定，凡是接受帕金斯法案下拨款的教育机构都必须开展至少一个职业生涯与技术教育学习项目，项目要兼顾高标准的学术及专业教学，兼顾中等及中等后教育的衔接，帮助学习者获得企业承认的证书、中等后教育证书或学士学位[1]。

---

[1] 五国职业教育发展动态. http://www.tech.net.cn/web/articleview.aspx？id=2010032600035&cata_id=N041.

美国中等职业教育机构大致有三类：职业技术中学、综合中学职业科、私立职业中学，毕业时学生大约接受12年的基础教育和职业教育；高等职业教育机构主要是社区学院和技术学院；中等与高等职业教育的衔接采取上述所说的"技术准备"办学模式，其基本学制是2+2学制，即高中后两年加上两年中等后教育，中等后教育可以是经过两年职业培训取得职业证书，但主要是经过两年社区学院教育取得大专文凭，获得副学士学位，中学毕业进入社区学院学习，一般不需要经过考试，社区学院为所有愿意接受高等教育的学习者提供高等职业教育、普通教育与升学教育，学院以文、商科为主，具有双重职能，一是为学生提供上大学的前两年教育，即升学教育；二是提供职业教育和培训。

（二）培养目标的衔接

在美国，实施中等职业教育学校的首要目标是为社会培养具有基础理论知识和熟练操作技能的人才。"技术准备"模式，是由高中阶段学校与中等后教育机构签订衔接协议，把高中后两年和中等后教育的前两年衔接起来，其教学内容与目标由两阶段教育机构教师共同商定，切实实现了中学后阶段职业教育与中等后教育培养目标的有效衔接。高中前阶段对学生进行职业指导教育，帮助其了解自身的能力与兴趣，使其具备能够独立做出职业决策的能力；后阶段即技术准备阶段，是与中等后教育直接联系起来，帮助学生为就业和继续教育、训练作好准备，学习者为高中二年级学生，他们通过学习中等后教育课程来保证高中后两年和社区学院前两年学习相衔接，接受"技术准备"模式的学生通过学习，既可获得高中阶段的学分还可赢得大学学分，拿到毕业文凭和职业证书后，既可就业，也可进入大学继续深造。

"技术准备"模式已成为美国中高等教育衔接的普遍模式，它也是一种以学分为衔接基础的双向升学模式，教学通常包括文化课程和职业生涯与技术教育课程，课程的教学地点可以在高中和大学中任意选择，该模式不仅通过节约时间和费用提高了教育效率，还大大提高了高中教育方向的精确性，避免出现中等后教育的补救教育。

（三）教学的衔接

90年代美国全面开展了职业教育改革，改革中等职业教育课程，引入综合课程，将高中科学知识与相关职业知识融为一体，提高科学教育水平，增强对新技术和新环境的适应能力；紧接着实施了"技术准备"教育，两阶段统一制定并实施各层次的教学大纲和教学计划，将高中阶段传统职教课程改造成为技术准备教育课程，即采用以应用为导向的综合性课程，使高中与高中后职业教育相衔接，高中阶段主要是职业基础教育，岗位的实用技术训练移植到中等后教育阶段，这样依靠课程体系将高中后技术教育的准备课程与社区学院、技术学院的实用技术课程建立起内在连接，并通过不断修改衔接方案，研制出更加宽泛，能够适应学生就业又能满足升学的课程，注重实用性和先进性统一。在技术准备教育的"2+2"模式中，社区学院发挥了巨大作用，在教学方法上采取小课堂授课法，坚持理论课与专业课结合，并通过中学教师与社区学院教师互相听课，了解对方课程和教学内容，做到教学内容相互衔接。

四、德国中高等职业教育的协调发展

（一）学制的衔接

德国高度重视职业教育，始终将发展职业教育作为国家经济发展的战略举措。2005年修订并实施新的《联邦职业教育法》，用法律保障职业教育的地位。据经济合作与发展组织（OECD）2006年的最新统计，德国大学毕业生占同龄人的比例为20.6%，而将近80%的年轻人接受过职业教育[①]。德国职业教育比较发达，中等职业教育机构主要包括：高级专科学校、专科高中、双元制学校等；高等职业教育机构主要有高等专科学校和职业学院。高级专科学校是与高等专科学校衔接的一种与完全高中相对的非完全中学，招收完成10年普通教育基础的学生，进行2年的专业学习，使得学生具有高等专科学校的入学资格；专科高中学生毕业后可直接进入高等专科学校；双元制学校毕业生能否升入高等专科学校，则要根据其之前的基础学历而定，如有主体中学（10年普通教育基础）文凭的可直接进入高级专科学校学习，若有主体中学（9年普通教育基础）文凭的还需先经职业补习学校补习1年，方可进入高级专科学校学习，然后才能取得高等专科学校的入学资格；完全高中毕业生欲进入高等专科学校学习，需到企业进行预实习半年左右。进入高等专科学校

---

① 职业教育提升德国竞争力 http://wenku.baidu.com/link？url=QfLOxZ5f6IeZV1yl4iKDLbjNTm6jov7IsaP2-1HSlRbImC7sJol6Kff-wF29ULd2y0SW5qdNxNG7NxdVmr_M6bZnCtNtLGSR1FBHgXNdSxO.

学习,需通过高级专科学校毕业考试,考试由德语、数学、外语再加上一门与专业有关的科目组成;职业学院则主要招收完全高中毕业生,也招收少量专科高中毕业生,学制3年。一般来说,中职毕业生与普通高中毕业生均具有报考大学的同等学力与资格(13年的学校教育基础)。为了进一步促进德国职业教育各层次与普通教育的相互沟通与交叉,2008年,德国开始试行有利于衔接和沟通各类教育的"跨教育领域且学习结果导向"的德国国家资格框架(DQR),其宗旨是:"国家资格框架所指称的所有能力基本上都可通过学校、企业、高校以及职业教育和职业生涯等途径实现"①。

(三)培养目标的衔接

德国职业教育以双元制为主要形式,较高层次的职业教育(包括企业以及其他各类职业教育机构的培训)均以较低层次职业教育为基础。中职学生既可利用已学到的技能、知识就业,又可以通过双元制的职业实践以后,再去接受更高层次的职业教育,双元制职业教育实行阶梯式综合性职业课程衔接模式,即中职学生升入高职除了具备高中毕业的文化程度外,还要经过专业补习或一定时间的从业经验才能获得高职教育的入学资格,如专科高中的学生毕业后不能直升高职教育,必须先在企业中担任一段时间的中级雇员,再进入实施高职教育学校深造,这使得不同类型的中等教育毕业生得到同等的入学资格。

德国职业教育培养目标是以能力为本位,注重职业能力培养与关键能力训练,培养适应企业要求的技术人才。关键能力是指超出职业技能和职业知识范畴的能力,如独立学习、独立计划、独立实施、独立控制与评价能力等。双元制学校重视学生实际操作能力的培养,属于职业准备教育,学生毕业后多以就业为主;高级专科学校由于与高等专科学校直接衔接,培养上要求普通理论教育与专业理论教育并重,便于学生升入高等专科学校继续深造。高等专科学校毕业生主要就业于经济界,毕业生具有更多的实践知识,能较快地解决企业中出现的实际问题。在培养目标的衔接上,高等专科学校要求入学者具有一定的基础知识、专业知识与能力,若某方面不足者,需到补习学校补习基础知识,或通过预实习环节达到相关实践能力的要求。职业学院招收完全高中毕业生进行双元制职业教育,主要培养高层次技术型人才,

---

① 五国职业教育发展动态. http://www.tech.net.cn/web/articleview.aspx?id=2010032600035&cata_id=N041.

要求学生毕业时，专业理论知识具备一定的深度与宽度，熟悉工艺与方法，并具备复合型职业能力、群体意识与协调工作的能力。

（四）教学的衔接

德国的职业教育是跟踪科技、产业、经济、管理发展最前沿的教育，以更新、扩展与重组学习者创新能力为目的。课程设置和专业定位均以职业群或相关职业领域为依据，具有针对性强、适应性广、科技性超前、涉及学科范围广等特点，同时以职业活动为核心设计课程，面向一个职业群，以宽厚的基础、宽广的知识与扎实的技能，适应市场经济竞争的需要。中职与高职衔接是通过在课程上采用的阶梯式综合性职业课程模式来完善中高职自成序列的职业教育体系，具有灵活性、层次性和衔接性的课程设置，旨在培养学生的操作能力与关键能力及创造性。课程开发主要采用双元制课程模式，它具有职业性方案的规范性与模块式课程的灵活性特点。模块课程可为学有余力的学生增加提高性内容，即拓展能力培训，从而为其进入高校学习提供可能。所有课程分为基础课程、专业课程和专长课程三个层次，且呈阶梯式上升，以提高职业教育学生的素质与水平。

五、日本中高等职业教育的协调发展

（一）学制的衔接

日本的中等和高等职业教育统属文部科学省管理，它是2001年由原文部省及科学技术厅合并组成。中等职业教育机构主要包括高中和高等专门学校（前三年课程）。高中分为普通高中、职业高中和综合高中三种。普通高中学生以报考大学的升学为主；职业高中（即高中的职业学科）学生毕业后以就业为主；综合高中（即高中的综合学科），包括普通学科和职业学科，兼顾升学与就业两个方面。普通高中和综合高中均开设职业教育课程供学生选修，但最主要的中等职业教育职能是由职业高中承担。高等专门学校实施五年一贯制，招生对象为初中毕业生，注重学生的动手能力培养，就业率较高，学生毕业时可获得副学士学位。

日本高等职业教育机构主要包括：高等专门学校（后两年课程）、短期大学、专门学校，这些学校相比大学层次低，以大专学历为主。短期大学学制为2～3年，学科设置偏向于人文类教育，家政类，注重教养以及特定职业资格培训。高等专门学校主要招收初中毕业生，还可通过有关考试按相关对口专业将高中毕业生编入五年一贯制高职四年级进行学习，后两年课程以工业为主，重视实践教育，主要培养操作技术人员。专门学校（专修学校的专门课程）学制为1～3年，招收高中毕业生及具有同等学力者，偏重满足第三产业实用技能型人才培养为目标。同时，日本还实施了高中毕业生推荐入学制，主要参考毕业生在高中阶段所获取的职业资格证书。

与大学同等级别职业教育机构主要有技术科学大学、专业研究生院等机构，提供从本科、硕士乃至博士学历的高等职业教育层次。在四年制大学中，1976年创办的丰桥技术科技大学和长冈技术科大学面向高中和高等专门学校进行招生，高中毕业生从一年级开始学习，高等专科学校毕业生从三年级开始学习，且允许插班生进入大学继续学习，并且在本科二年级时，分配300个名额用于招收高等专科学校毕业生，对其实施四年一贯制教育，使其毕业时达到硕士水平，这为中等职业毕业生继续深造提供了学校制度上的保证。

（二）培养目标的衔接

日本职业高中教育在高中阶段所占比例很小，毕业生以就业为主，以升学为辅，主要是培养未来的技术人才所必须的基础专业知识与技能。随着日本职业教育的改革与发展，职业高中以及综合高中职业科，在业务能力要求上，开始注重培养学生专业技术能力、解决问题能力与创造性思维能力，以期为社会培养具有多种职业能力的中级人才。专门学校和短期大学以培养第三产业人才为主，招收高中毕业生及具有同等学力者，传授其高深的专门技艺知识，培养其就业或实际生活所需能力。实施五年一贯制的高等专门学校招收初中毕业生，按照统一目标进行培养，其主要培养目标是面向第二产业，培养具有较深的专门知识与技能，以及职业上所必需的工作能力的中级技术人才。这些不同类型的高等职业教育机构由于其产生背景不同，培养目标存在差异，但其共同特征是在教育市场与雇佣市场中找准了自身的位置：一是适应了不同的学习需求；二是适应了日本产业与社会的不同需要。

（三）教学衔接

为了培养更多的掌握足够专业知识和高级专业技术并具有创造性的技术人员，日本提出职业学科的高中生出路多样化，大学和短期大学应为其敞开户，但是在这些学校中,中高职衔接还只是停留在大学设置与职业高中对口的专业学科的要求上。日本的中高职衔接主要还是通过实施五年一贯制高等专门学校进行。高等专门学校培养中级技术人才,课程教学按照统一基准的教学大纲开展,避免了课程重复学习,它包括一般公共课和专业课,一般公共课大致与普通高中课程相当,对学生进行高中普通文化教育,但与专业相关的公共课要比普通高中的内容要多、要深;专业课注重应用,教学时数要比同专业大学课程多,为了培养学生的实践动手能力,教学过程中实验、实习占有较大的比重,并通过校企合作把教学内容及课程有效衔接起来,在第一学年结束后可根据学生本人的意愿和成绩划分专业,专业课学习在第二学年进行,并依据年级的增长,基础课逐年减少,专业课逐年增加,高职教育的专业科目大多集中在后两年,课程体系重视理论与实践结合,综合培养学生的职业素质。

六、澳大利亚中高等职业教育发展

(一)建立与完善学分转换制度,促进职普文凭等值衔接

澳大利亚的不同层次职业资格与相应学校教育文凭具有相同价值,二者具有升学与就业的同等效力;各层次、各类教育都实施学分转换和资格认证制度。澳大利亚于1995年创立了体现终身教育理念的"澳大利亚资格证框架"(AQF),规定了人才培养的全国性证书目标体系。学生可以灵活地进行就业选择与规划,还可以从高职到大学继续深造。国家资格框架(AQF)中的职业资格包括三类:普通教育(学校)资格、职业教育与培训资格和高等教育资格,且由12个不同层级的资格证书构成,其中TAFE学院提供国家资格框架中的6个资格证书,分别为一级证书、二级证书、三级证书、四级证书、文凭、高级文凭[1]。

如表3.4澳大利亚学历互通框架。相同级别的资格能够衔接不同种类的教育,允许人们从一种教育类型向另一种类型转换。同一类型的资格证书具有不同的层级,可为人们职业生涯的发展提供发展通道。AQF体系能够帮助学习者计划他们的职业生涯,使其能够在任何适合阶段开始学习,促进终身学习。学生可以根据需要,选

---

[1]金盛.涨落中的协同:中高职衔接一体化教育模式研究[D].重庆:西南大学,2013:62.

择不同的课程模块并确定起点层次。2008年，维多利亚州资格认证管理处在澳大利亚资格认证体系基础上建立了学分矩阵，在矩阵中，从职业教育到大学教育所要进行的全部准备都被记录出来，学生可根据这些信息将自身学习状况同未来学位对比，了解为完成预期学位，所要继续学习的科目及所用的学分。

表3.4　　　　　　　　澳大利亚学历互通框架（AQF）

高等教育	TAFE学院（职业教育）	基础教育
博士文凭		
硕士文凭		
本科文凭		
高级文凭	高级文凭	
文凭	文凭	
	四级证书	
	三级证书	二级证书
	二级证书	一级证书
	一级证书	高中毕业证书

（二）培养目标衔接

澳大利亚将技术教育和继续教育结合到一起，形成了一种技术教育与继续教育的模式，即通常所说的TAFE模式。TAFE教育机构一般属于政府所有，由政府管理并资助，它为各行各业培训技术工人、服务人员和技术人员，也为某些领域培训较高层次的专业技术人员和管理人员。TAFE目前在校生约为130万，其中全日制学生占了30%，其他的为非全日制学生，非全日制学生90%为在职人员[①]。

TAFE学院提供澳大利亚国家资格框架中的6个资格证书，并以国家资格证书所认可的标准为依据，进一步确立培养目标的能力体系。国家下设21个全国性行业培训咨询组织，这些组织的职责是就本行业的就业进行预测与职业分析，通过预测的数据制定能力标准，以此向TAFE学院和其他教育培训机构提供培养依据。并由全国行业协会负责每二年修订一次，在全国范围内通用。各TAFE学院根据最新的岗位能力要求，进行市场调查，确定自身的专业方向和人才培养目标定位，根据调查结果，再在提供给教育机构的规定标准基础上开发课程。能力标准包括关键能力与专业能力，关键能力包括：收集、分析整理信息的能力；交流思想与信息的能力；计划和组织活动的能力；与他人合作的能力；运用数学方法和数学技术的能力；解

---

① 金盛.涨落中的协同：中高职衔接一体化教育模式研究［D］.重庆：西南大学,2013：57.

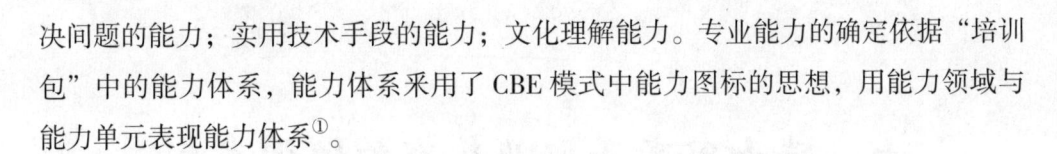

决问题的能力；实用技术手段的能力；文化理解能力。专业能力的确定依据"培训包"中的能力体系，能力体系采用了CBE模式中能力图标的思想，用能力领域与能力单元表现能力体系[①]。

（三）教学衔接

TAFE学院依据行业培训咨询组织制定，经澳大利亚国家配需局批准后颁布资格证框架的培训包（TP）和自己的办学条件选定国家资格课程。其课程体系可以分为五个层次：第一层规定了能力的相关要求；第二层是专业的教学计划，由州教育课程开发部负责，制定课程并实施；第三层是由州或学校开发的教学大纲，明确教学的内涵与要求；第四层是学习和指导教学书；第五层是必要的教材，整个培训包的内涵结构如图3.2所示[②]。且在培训包的基础上开发模块式课程。从课程体系到每一门课，甚至于每一门课的每一单元都必须有相关的能力标准与之对应。TAFE重视培养学生的实践能力，其课程设置是以能力为本位，对多个科目进行组合，以技能训练为主。不同模块学习的时间不同，课程是以能力点而非学制为授课标准，学生学会一个技能再学下一个技能，课程学时从0.5年到4年不等。TAFE设有各种领域的专业课程，课程结构与职业标准相吻合，包括基本就业课程、教育预备课程、手工艺课程以及专业课程等，教材内容体现了"必需与够用"原则，基本涵盖了职业标准要求。实行学分制且学分可以累计的TAFE课程模式灵活性强，课程设置统一编号、循序渐进，打破了传统意义上的职业教育与普通教育之间界限，将职业教育、职业培训与普通教育作为一个整体进行全面规划，学生们可依据自身实际情况，选择不同层级作为起点。TAFE的证书制度和模块式课程结构切实实现了基础教育、职业教育、高等教育三个不同阶段的相互认证与融通。

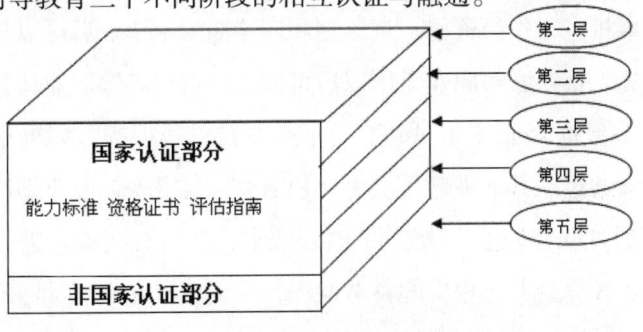

图3.2 培训包的内涵结构

[①] 金盛.涨落中的协同：中高职衔接一体化教育模式研究[D].重庆：西南大学,2013：58.
[①] 金盛.涨落中的协同：中高职衔接一体化教育模式研究[D].重庆：西南大学,2013：59.

七、瑞士中高等职业教育的协调发展

瑞士全民重视职业教育，其职业教育是一种衔接高等教育，面向终身教育的灵活开放体系。瑞士义务教育及以前的教育阶段由州政府负责；义务后教育由联邦和州政府共同负责。瑞士没有联邦教育部，经济事务部下设联邦职业教育与技术局负责管理全国的职业教育和应用科技大学，内政部的国家教育研究秘书处负责普通教育、大学及科研。2013年，经济事务部与国家教育研究秘书处合并为"国家教育、研究和创新秘书处"。可见，瑞士不仅消除了职业教育与高等教育之间的障碍，而且还赋予职业教育更多的研究与创新功能。

瑞士初中教育以后分流为职业教育和普通教育两个并行体系，两者通过学历和认证相连接，以保证学习者根据能力和兴趣随时转换学习路径。瑞士各界普遍认为高中学习阶段对于未来职业发展十分关键，因此，初中生中不足10%的人选择就业，多于90%的学生升入高中，且高中生中，3/4的学生选择职业教育，1/4的学生会接受普通教育。

高中阶段职业教育（VET）有全日制和双元制即学徒制两种，大约80%的学生选择双元制培训，20%选择全日制。参加双元制学习的学生每周3天在企业接受实训，完成一定工作量后企业支付培训津贴，2天在职业学校学习理论。VET分为二年制、三年制和四年制。二年制的学生通过结业考试可以获得州政府颁发的联邦职业证书，具有从事相应工作的资格；三年制和四年制学生毕业后可以获得州政府颁发的联邦职业文凭。获得联邦职业学历以后可以直接进行高等职业课程学习，包括联邦PET考试、高级联邦PET考试、高等职业学院学位课程。如果想进入应用科学大学学习，必须通过联邦职业教育会考（FVB），获得联邦职业学历且具有良好学术技能的人可通过联邦职业会考获得FVB证书，然后直接申请进入应用科学大学学习。联邦职业教育会考有相应的备考课程，学生可以在中职学习的同时学习职业会考科目，也可以在VET课程结束以后再参加会考，中职学生通过了联邦职业会考和大学入学资格考试，就可以进入应用科学大学，还可进一步通过应用科学大学能力测试进入州立大学或联邦理工大学继续学习[①]。

高中阶段的普通教育包括普通高中和中等专科学校。普通高中的学生通过高中会考以后可以直接进入大学学习。如果想进入应用科学大学或者接受高等职业教育必须具备实践经验。瑞士的中等专科学校属于普通教育，学制3年，可为高等职业教育和应用科学大学提供某一职业领域的预备课程，学生比例很低，大概只有5%的高中生是中等专科学校。中等专科学校的课程有两种类型可供选择：联邦职业会考课程和学术课程。获得FVB文凭的学生可以接受高等职业教育，也可以进入应用科学大学。

瑞士高等教育分为两部分：高等A级教育（学术教育）和高等B级教育（职业教育），分别对应于《国际教育标准分类法》"的5A和5B。高等A级侧重于纯学术研究，高等B级属于职业教育，侧重于理论与实践结合。B级包括高等职业学院学位课程、联邦高等职业学历和高级联邦职业教育学历。高等职业学院的课程更加关注某一特定职业的实际应用知识和技能，而较少关注学术和研究领域，但与联邦高等职业考试相比，高等职业学院的课程范围更为广泛，其毕业生也可以直接进入应用科学大学。前身是从事职业教育的高等职业学院，后由B级进入A级行列的应用科学大学是一种全新类型的高等教育机构，它侧重与职业相关的应用研究，致力于把理论成果转化成最先进的应用技术，并通过学位课程和职业培训将最新的职业技术扩散到企业中，其学生一般采用双元制学习方式，注重理论与实践紧密结合，在研究方面也与企业紧密合作，以确保研究的实用性与前沿性。

八、法国中高等职业教育的协调发展

法国职业技术教育体系主要由高中阶段的中等职业技术教育和专科层次的高等职业技术教育构成，两个层次相互衔接，学生毕业后均可以选择升学或就业。中等职业技术教育招收接受完义务教育的初中毕业生，主要实施机构是职业高中、技术高中和学徒培训中心[②]。

职业高中：规模较大，学制2-3年，所设专业几乎涉及工业和第三产业的所有职业，

[①] 周红利,周雪梅.瑞士职业教育体系与管理体制[J].中国职业技术教育,2013（3）:70.
[②] 刘虎.法国职业技术教育体系概述[J].江苏技术师范学院学报.2009（6）:80.

其课程包括普通文化课、职业技术课和企业实习，毕业后颁发两种文凭：一是学制2年的中等职业资格证书（CAP）；二是学制3年的职业业士（BAC Pro）。这两种证书均属法国八级技术职称制的第五级，持有者均能以技术工人或职员资格直接就业；还可通过1-2年的继续学习取得"职业高中会考文凭"，具有与普通高中证书的同等学力后，进入高等院校学习。①技术高中，即综合高中技术班，实施中等技术教育，培养目标是技术员，同时也为高等技术院校输送人才，毕业后颁发两类证书：一是"技术类高中会考证书"，可到高等学校继续学习，也可以直接就业；二是"技术员证书"，获得者主要是进入2年制的大学技术学院继续学习。②学徒培训中心，由地方政府、工商行会、企业或企业协会主办，属于半工半读或工学交替的职业教育机构，招收接受义务教育后16～25岁青年，学制1-3年，毕业生获得中等职业资格证书（CAP），学徒毕业有机会到高等院校继续深造，也可以继续考取高级的技术等级证书。法国高等职业技术教育的实施机构主要为高级技术员班、大学技术学院以及大学职业学院。③高级技术员班是设在高中技术班的短期高等教育机构，招收高中毕业生，但半数来自高中技术班，学制2年，毕业生通过国家考试可获得"高级技术员证书"，学生毕业后可以就业，还可以继续深造。毕业生的专业知识和技能专而精、顶岗快、现场指挥与操作能力强，但适应的广泛性差一些。④大学技术学院是设在大学内的短期高等教育机构，学制2年，招收获得高中会考文凭者或同等学力者，来自高中普通班学生占70%。其目标是培养第二三产业所需的高级技术员和高级职员，毕业生授予"大学技术文凭"，其毕业生的专业知识与技能相对宽一些，适应范围较广泛，应用新技术成果能力较强，但工作后的适应期较长。⑤大学职业学院是设在大学内的高等教育机构，培养目标是工业和经济领域高水平的技术与管理人才，招收学完大学一年级课程或取得大学技术学院毕业文凭或高级技术员证书、具有一定实际工作经验者，并根据学业情况，3年先后颁发大学职业学习文凭、大学职业学院学士文凭和大学职业学院硕士文凭，以适应产业界各种生产岗位对不同规格人才的不同需求。大学职业学院已成为法国实施高等职业技术教育的一支重要力量。

此外，法国还将职业技术学校学生的毕业文凭和劳动就业中心的技术职称进行挂钩，实现了两者融合，例如，技术高中颁发的"技术员证书"是第四级，大学技术学院颁发的"大学技术文凭"和高级技术员班的"高级技术员"证书是第三级，这样不仅提升了学生的就业能力，同时也促进了劳动力市场的培育和发展。

九、芬兰中高等职业教育的协调发展

芬兰职业教育经历了不断的发展与改革后，构建了以中等职业教育、多科技术教育为基础，职业教育和培训专门机构为补充的职业教育体系。芬兰国家政府和地方政府共同提供资金，并且与各类职业院校和专门培训机构合作，在培养目的、招生、教学管理、评估、教育课题等方面签订相关协议，实施契约制管理模式，这样不仅有利于政府的宏观管理，更有利于职业教育的可持续发展。

中等职业教育一般学制三年（120学分），其中包括至少20学分（大约6个月时间）的工作场所训练。培养不同职业领域所要求具备的基本能力和特殊技能，职业证书获得者可以申请进入高等职业学院和大学继续学习。职业资格也可以通过学徒制的培训模式完成，大多数学徒是成人，该模式注重在岗培训，强调通过工作进行学习，理论结合实践，理论学习主要由职业院校和职业教育专门机构来负责，在工作环境中的在岗学习由企业负责，占总学习时间的70%到80%。

多科技术教育是相当于高等职业教育，其招生的一般要求是完成普通高中教育或中等职业教育的学生，并强调学生的工作经验，经过三年半或四年学习，可获得多科技术学士学位。学生被分类进行不同专业的系统培训，如科技、通信、贸易等。多科技术学院是在巩固提高原有高等专科学校的基础上创办的，使职业教育层次重心得到上移，它不仅是中等职业教育和普通大学的衔接，更是开辟了培养更高层次职业教育人才的渠道。

横向上普通中等教育与中等职业教育、普通高等教育与多科技术学院有平等的地位；纵向上中等职业教育与多科技术教育和普通高等教育有效衔接、相互贯通，形成了职业教育与普通教育相互连通的"立交桥"体系。1998年，芬兰实施职业教育改革，以法律的形式规定：中等职业教育的学生拥有进入高等教育的资格，也被赋予平等选择工作的权利，这大大促进了普通教育和职业教育教育学历相互承认与相互融合。

第二节 我国中高等职业教育协调发展的历程

一、国内中高职衔接政策的发展与演变

在推动中高职协调发展的进程中，政府的意愿相当明确。近几年国家大力发展职业教育，全力提升职业教育的吸引力，提高职业教育在经济转型升级中的作用，而中高职协调发展，是其中的重要抓手之一。

1985年《中共中央关于教育体制改革的决定》提出："发展职业技术教育要以中等职业技术教育为重点，同时积极发展高等职业技术院校，优先对口招收中等职业技术学校毕业生以及有本专业实践经验的在职人员入学，逐步建立一个从初级到高级、行业配套、结构合理又能与普通教育沟通的职业技术教育体系。"这项措施为中高职衔接提供了政策依据，有力推动了我国中等职业教育的发展，在一定程度上实现了形式上的接轨，但是由于该时期职业教育发展缓慢，中高职只是处于初步衔接阶段。

1991年，《国务院关于大力发展职业技术教育的决定》中指出"初步建立起有中国特色的、从初级到高级、行业配套、结构合理、形式多样，又能与其他教育相互沟通、协调发展的职业技术教育体系的基本框架。"再次强调，在20世纪90年代要逐步做到：使大多数新增劳动力基本上能够受到适应从业岗位需要的最基本的职业技术训练，在一些专业性、技术性要求较高的劳动岗位，就业者能较普遍地

---

①韩浩，龙梦晴. 芬兰职业教育体系构建的概况、特点及其启示［J］. 现代企业教育 2011（4）：32-33.

受到系统的、严格的职业技术教育。这为扩大高等职业教育规模,完善职业教育体系提供了有力保证。

1994年,国务院关于《中国教育改革和发展纲要》的实施意见(国发〔1994〕39号)第四条提出"大力发展职业教育,逐步形成初等、中等、高等职业教育和普通教育共同发展、相互衔接、比例合理的教育系列"。同年,全国教育工作会议明确提出"三改一补"发展方针,即通过现有的职业大学、部分高等专科学校和独立设置的成人高校改革办学模式,调整培养目标来发展高等职业教育,甚至批准利用少数具备条件的重点中等专业学校改制或举办高职班等方式作为补充来发展高等职业教育。初步建立起有中国特色的、从初级到高级、形式多样、中高职协调发展的职业教育体系的基本框架。

1996年4月《全国教育事业"九五"计划和2010年发展规划》提出"进一步发展各种类型的职前、职后培训和继续教育,基本形成学历教育和非学历教育并重,不同层次教育相衔接,职业教育和普通教育相沟通的职业教育制度和体现终身教育特点的现代社会教育体系"。1996年9月《中华人民共和国职业教育法》中明确规定:"国家根据不同地区的经济发展水平和教育普及程度,实施以初中后为重点的不同阶段的教育分流,建立、健全职业学校教育与职业培训并举,并与其他教育相互沟通、协调发展的职业教育体系。""职业学校教育分为初等、中等、高等职业学校教育。"第一次以法律形式确立了职业教育体系的框架结构。于是,国家教委决定从1997年起在北京、上海等十个试点省市招收应届中等职业学校毕业生开展高等职业教育试点工作,但是招收应届中职毕业生的规模,按照国家教委、国家计委下发的《一九九七年普通高等学校和普通中等职业学校招生计划》(教计〔1997〕35号)中省(市)属普通高等学校招生计划数的3%安排[1]。中职教育的发展空间受到了严重限制,中高职衔接起步维艰。

1999年,普通高校扩招,导致中等职业教育出现严重的生源流失,中职的发展面临巨大挑战。教育部、国家计委关于印发《试行按新的管理模式和运行机制举办高等职业技术教育的实施意见》的通知(教发〔1999〕2号),文件强调要"积极探索以多种途径发展高等职业技术教育"。作为过渡措施,经教育部批准的极少数国家级重点中等专业学校,改办为既从事高等职业教育,又从事中等职业教育双

---

[1]国家教委. 关于招收应届中等职业学校毕业生举办高等职业教育试点工作的通知 http://www.people.com.cn/item/flfgk/gwyfg/1997/206003199702.html.

重任务的学校,"招生对象主要面向当年参加全国普通高等学校统一招生考试的考生,也可招收少量的中等职业学校应届毕业生,由省招办统一择优录取。对招收相关或相近专业的少量中等职业学校应届毕业生,其文化课和职业技能水平应由省级招生部门单独组织考试,并确定具体的录取标准"。此后,高等职业教育得到加快发展。全国除了有独立设置的职业技术学院110多所外,还有150多所本科高校也先后举办了高等职业技术教育。高职教育开始逐步摆脱本科模式,探索建立真正的职业教育课程体系和教学标准,将中职与高职两个层次的课程体系进行融合的理论研究也日益广泛。《实施意见》以强有力的政策支持加快了中高职衔接,拓宽了中职教育发展的空间。

2000年5月,教育部高教司《关于加强五年制高等职业教育管理工作的通知》(教高司〔2000〕34号)对五年制高等职业教育正式做了界定:"五年制高等职业教育是我国高等职业教育的组成部分,招收初中毕业生,学制五年。"2002年,《国务院关于大力推进职业教育改革与发展的决定》(国发〔2002〕16号)指出:"加强中等职业教育与高等职业教育,职业教育与普通教育、成人教育的衔接与沟通,建立人才成长'立交桥',要逐步扩大中等职业学校毕业生进入高等学校尤其是进入高等职业学校继续学习的比例。高等职业学校优先对口招收中等职业学校毕业生,要组织单独的招生考试,注重专业知识,职业技能的考核。根据专业实际需要,适度发展初中后五年制高等职业教育,探索通过五年制高职培养高级技能型人才的途径,完善中等与高等职业教育相衔接的课程体系,优化培养过程。"为高职发展提出了战略性发展思路,高等职业院校开始站在职业教育类型这个角度来探索职业特性和职业培养的规范性,并且加大了对职业教育课程体系的理论研究力度,具体的中高职课程衔接模式也开始在许多学校试点。

2004年,国家出台《教育部等七部门关于进一步加强职业教育工作的若干意见》,是中高职衔接的一个转折点,提出"从现在起到2007年,中等职业学校不再升格为高等职业院校或并入高等学校"[①]。这一文件将中等职业教育发展上升到新的高度,从政策层面积极倡导中职毕业生应以就业为主要发展方向。

直至2005年前后,由于出生人口的下降,中职的传统生源再次出现下滑趋势,

---

① 教育部等七部门.关于进一步加强职业教育工作的若干意见 http://www.moe.gov.cn/publicfiles/business/htmlfiles/moe/moe_700/200409/xxgk_60628.html.

而此时高职相对保持平稳的发展势态,这种情况下的中高职衔接发展动力不强,中职地位受到了动摇。2005年,《国务院关于大力发展职业教育的决定》(国发〔2005〕35号)进一步指出,"建立职业教育与其他教育相互沟通和衔接的'立交桥',使职业教育成为终身教育体系的重要环节,促进学习型社会建立"。指明了职业教育发展的方向,提出了重点发展的目标任务,中等职业教育的地位更加突出。

2006年《教育部国家发展和改革委员会关于编报2006年普通高等教育分学校分专业招生计划的通知》指出:"自2006年起,各类中等职业学校不得单独举办五年制高职教育。""各省(区、市)五年制高职招收初中毕业生的招生规模不得超过当年本省(区、市)高职(专科)招生计划的5%;各地安排高职院校对口招收中等职业教育应届毕业生的规模不得超过当年本省(区、市)中等职业学校应届毕业生的5%。"[①]所出台的"5%"限制中职学生升学的政策无疑是一把双刃剑,在规范学校招生行为的同时,严重影响了职业教育的生源衔接,使许多技能型优秀人才无缘高职教育。

2007年,《教育部关于进一步做好高等学校各类招生管理工作的通知》(教发〔2007〕13号)规定:从2007年起,在下达普通高校招生计划的同时,下达普通专升本、五年制高职(招收初中毕业生)和高校对口招收中职毕业生的招生计划。其中:普通专升本招生计划按不超过当年应届普通高职毕业生5%的比例安排,并纳入当年普通本科招生计划总规模;五年制高职招生计划(招收初中毕业生)按不超过当年普通高职招生计划5%的比例安排,三年后转入高职教育阶段时应纳入当年普通高职招生计划总规模;高校对口招收中职毕业生计划不超过当年应届中职毕业生5%的比例安排,并纳入当年普通高校招生计划总规模。三个5%更是紧缩了中高职衔接的通道。

职业教育在经济社会发展和教育工作的战略地位越来越突出,2010年,《国家中长期教育改革和发展规划纲要(2010-2020年)》第14条明确指出:"到2020年,形成适应经济发展方式转变和产业结构调整要求、体现终身教育理念、中等和高等职业教育协调发展的现代职业教育体系。"国家对中职培养高素质技能人才的重视被提到了前所未有的高度,中高职衔接的任务更加迫切。紧接着,国家《中等职业教育改革创新行动计划(2010—2012年)》出台,强调要"构建中等职业学校学生

[②]张菊霞.中高职教育协调发展的若干关系梳理[J].职教论坛.2013(7).19.

成长发展的立交桥"，"完善职业学校毕业生直接升学制度，拓宽毕业生继续学习通道，扩大中等职业学校毕业生升入高等职业学校继续学习的比例"。中职升高职的限制逐渐放宽，北京、上海、广东等五个省市在教育部大力支持下更是展开了加大力度的中高职衔接的试点工作。

2011年是职业教育发展具有重大意义的一年。7月，教育部在天津召开促进中等和高等职业教育协调发展座谈会。9月，教育部推出《关于推进中等和高等职业教育协调发展的指导意见》（教职成〔2011〕9号），这是我国第一个指导中等和高等职业教育协调发展的专门的教育政策文件，把中高职教育衔接的问题上升为国家加快转变经济发展方式和改善民生的迫切要求，指出："中等职业教育是高中阶段教育的重要组成部分，重点培养技能型人才，发挥基础性作用；高等职业教育是高等教育的重要组成部分，重点培养高端技能型人才，发挥引领作用。"同时提出了一系列中高职协调发展的具有可操作性的比较完整的指导意见，还提出了五大对接体系，即"促进专业与产业对接、课程内容与职业标准对接、教学过程与生产过程对接、学历证书与职业资格证书对接、职业教育与终身学习对接，"为中高职课程衔接体系的构建提供了科学系统的政策依据。随后，《教育部关于推进高等职业教育改革创新引领职业教育科学发展的若干意见》（教职成〔2011〕12号）指出，"高等职业教育具有高等教育和职业教育双重属性，以培养生产、建设、服务、管理第一线的高端技能型专门人才为主要任务"，"要发挥高等职业教育在现代职业教育体系建设中引领作用，增加中等职业学校毕业生对口升学比例"。这两个文件对中职教育和高职教育在建设现代化强国中的地位作用和发展任务指明了方向，是两个具有指导意义和政策指向的职业教育文件，将为中高职衔接通道去除了体制上的障碍。

2012年1月20日，教育部公布"2012年教育工作重点"，再一次将"优化职业教育层次结构，加强中等职业教育、高等职业教育与职业培训的统筹管理和综合协调"，"统筹协调中等和高等职业教育专业、课程和教材体系建设"等涉及中高职协调发展的问题纳入其中，并将"开展高等职业教育入学考试由省（区、市）组织的试点，完善'知识加技能'的考核办法，扩大示范高职单招、对口招生规模"也列为2012年的工作重点。

二、中国职业教育体系现状

中国现行职业教育体系是一个庞大而复杂的系统。该系统由学校职业教育和职业培训两大部分组成。其中，学校职业教育是职业教育体系的主要部分，分为初等、中等、高等三个层次。

（一）初等职业教育

初等职业教育是小学后、初中阶段的职业教育，以初级职业中学为主。大部分存在于中国经济欠发达的农村地区。它是为适应农村经济发展对劳动力的需求而设立的，属于中国九年制义务教育的一部分。

（二）中等职业教育

中等职业教育是指高中阶段的职业教育，主要由中等专业学校、技工学校和职业高中组成，是中国职业教育的主体，培养具有综合职业能力，在生产、服务、技术和管理第一线工作的高素质劳动者和中初级专门技能型人才。中等专业学校招收初中毕业生，学制3—4年，少数专业招收高中毕业生，学制1—2年。技工学校招收初中毕业生，学制一般为3年，学生具有较强的操作技能，毕业后能够直接从事生产实践活动。职业高中是中国改革开放以来，在改革创新中等教育结构的基础上发展起来的，大部分由普通高中改制而成，招收初中毕业生，学制3年，所设专业多数以第三产业为主。

（三）高等职业教育

高等职业教育主要招收普通高中毕业生及中等职业学校毕业生，学制一般为3年，主要为地区经济建设和社会发展培养生产、服务和管理一线所需要的高级应用性技术技能型人才。目前我国实施高等职业教育的学校共有五大类型：一是高等职业技术学院和高等技术专科学校；二是具有职业性、地方性、实用性的短期职业大学；三是普通中等专业学校举办五年制的高等职业教育班；四是由部分普通高等院校举办的高等职业教育；五是成人高等学校举办的高等职业教育、职业培训，包括

城市职业技术培训和农村职业技术培训两大体系。城市职业技术培训，包括以全员培训为特点的职工教育和劳动部门、职业学校和社会力量举办的各级各类的职业培训；农村职业技术培训主要采取农、科、教三位一体及基础教育、职业教育和成人教育"三教统筹"的方式对农村青年进行培养。我国现行职业教育体系基本上适应工业社会初期对劳动力素质的培养需求，属于传统职业教育体系。

（四）职业学校教育和职业培训并举

我国职业学校教育和职业培训两种教育形式并举，并不断与其他层次和类型教育相互沟通及协调发展的教育体系。根据《职业教育法》的规定，职业培训包括从业前培训、转业培训、学徒培训、在岗培训、转岗培训及其他职业性培训，可以根据实际情况分为初级、中级、高级职业培训。职业培训分别由相应的职业培训机构、职业学校实施。其他学校或者教育机构可以根据办学能力，开展面向社会的、多种形式的职业培训，可见，我国职业培训涵盖了一个人职业生涯的各个环节、各个阶段，与其工作历程的各种转折、升迁密切相关，是终身教育的重要组成部分。随着我国职业教育体系的健全与完善，职业学校教育与职业培训两个子系统之间的层次也将出现沟通与融合，如对接受一定层次职业培训的学习者，可以满足其职业学校教育的学历要求，对接受一定层次职业学校教育的学习者，可满足其不断提升职业培训技术等级的要求等。职业教育的类型和层次的完善是建立、健全职业教育体系的基本依据，而它们的完善也有待于我国中高职协调的职业教育体系的建立与健全。

第四章 目前中高等职业教育协调发展面临的严峻形势与存在问题

"中高职协调发展"在内涵外延的界定上与"中高职衔接"是有所不同的,它更多侧重于中高职科学发展的体系性和整体性。目前我国中高职协调发展遇到的阻碍主要来自两个方面:一方面是来自外部的职教衔接管理失位,存在政出多门、条块分割等现象,上级主管部门对中高职协调发展缺少政策性扶持和相关的整体规划;另一方面是职教体系内部缺乏统筹规划与协作沟通,中职与高职办学各自为政,使得职教体系不同层次之间缺乏递进性、系统性与协调性,最终导致中职教育由于忽视可持续发展而缺乏吸引力,高职教育由于缺乏有一定技术基础的优质生源而成为无源之水,使得"龙头"脱离了"龙身"。

第一节 影响中高等职业教育协调发展的几个外部因素

一、职业教育行政管理缺乏统筹与协调

按照《职教法》规定,"国务院教育行政部门负责职业教育工作的统筹规划、综合协调、宏观管理","国务院教育行政部门、劳动行政部门和其他有关部门在国务院规定的职责范围内,分别负责有关的职业教育工作"。但在现实中却没有做到统筹规划与综合协调,当前,教育行政部门与人力资源和社会保障部门之间管理分割,职业教育的宏观管理主要在教育部门,而职业资格标准的制定、职业证书的颁发由人力资源和社会保障部门管理,导致学校教育与社会培训、学历证书与职业资格证书、教育体系和就业培训体系等均前后分属多个部门管理,管理的分割必然导致政策的分割,因此学历证书和职业资格证书在专业标准上缺乏衔接,职前培养

和职后培训难以融通，职业学校教育资源和企业培训机构资源缺乏共享，为广义上的中等与高等职业教育协调发展造成了诸多困难。

全国人大常委会颁布的《高等教育法》规定：高等职业教育是高等教育的重要组成部分，主要面向中职和普高毕业生，属于大专学历层次。但由于行政上衔接管理失位，对职业教育没有给予政策性扶持和相关规划，中高职学校之间缺乏有效的沟通与协作，两者办学各自为政，尚未建立起统筹兼顾的科学管理体系。在我国，高职教育没有形成独立的教育体系，在办学体系、教学理念、课程设置、教学评估等诸多方面大多套用普通高校的标准，以高中生为主要生源，对中职毕业生的录取比例明显偏低（录取率约为5%），中职生进入高职院校在学校选择上受到诸多限制，中职与高职教育在培养目标与专业设置上相脱节，中职与高职之间的教学衔接缺乏指导与协调，这些都给中高职协调发展设置了诸多障碍。

二、职业教育运行模式刻板封闭

当前职业教育的运行模式从历史上看沿用了普通教育中学历教育的模式，采取固定的教育地点与课程等按部就班的模式，它具有维持秩序性的优点，但在一定程度上却压制了职业教育作为与经济联系最为紧密一类教育的开放性与灵活性。具体表现为：

（一）刻板化

一直以来我国的职业教育局限于正规教育和学历教育，以学校为本位采取固定学制、固定课程、固定时间、固定地点、固定形式的按部就班的模式，甚至学员也几乎是固定年龄与学历，像产品一样，以类似的背景经历一系列刻板的加工，最后加工出成品。而把非学历教育、非正规教育和各种培训排除在外，从而放弃了比现有院校在校生还要众多的教育对象，例如，在职人员、失业人员、退休人员等等，这种刻板化的运行模式也在一定程度上扼杀了学生的主观能动性和个性的自主发展。

（二）封闭化

职业教育在运行过程中，各个子系统相对封闭，由此出现种种问题，例如中高职衔接、教育与培训的整合、普通教育与职业教育的沟通、从学校到工作的零距离对接、职业资格证书与职业教育课程的融通等问题。这些问题的存在根源就是职业教育缺乏一体化的运行模式，各子系统之间的沟通与衔接不畅，开放性不够。

三、教育行政部门与行业管理部门缺乏沟通

职业教育是以服务为宗旨，以就业为导向的教育，人才培养的目标应当满足行业、企业的要求，职业教育行政管理部门与行业管理部门之间应该顺畅沟通，形成职业教育以政府主导、行业指导、企业参与的办学新机制。而目前的行业组织还远远没有真正地发挥作用，对行业人才需求缺乏科学预测，对行业发展所需要专业人才的类型与规模、专业内部初、中、高等技能型人才的结构比例等均缺少科学的数据信息，使得职业院校的专业设置与建设无法根据行业经济发展的要求及时进行调整，常常无法摆脱盲人摸象的尴尬的办学局面。例如，社会上培养技能型人才的技工学校为了提高层次，纷纷升格为技师学院，都来培养"高技能人才"，使得有些中职学校在人才培养定位上与高职区别不大，这样势必造成了不同层次的学校，在人才培养层次上的重叠。

四、职业教育衔接缺乏政策保障

（一）已出台的政策落实度不够

首先，近几年我国职业教育走的是一条示范引领、典型推动的路子。虽然示范与典型的推动作用是不容置疑的，但典型不是在任何条件下能复制的。因此，职业教育发展最根本的保障还应该靠国家政策。职业教有没有行业企业的合作是不能良性发展的，但校企合作的实施不能靠学校的一厢情愿，应该从政策层面上来制定企业参与职业教育应尽的义务与应享受的优惠。现在各地纷纷以职教集团办学的形式来促进中高职协调发展，但多数停留在形式层面，缺乏统一的办学标准与管理规范，多数职教集团没有建立起宏观和微观的决策、执行与监督机制，没有明确各参建院校和企业单位的责、权、利，以形成经济制衡关系，从而造成中高职院校资源配置

重复、层次衔接不畅。可见，目前我国的中高职衔接主要是以外延、粗放性衔接为主导，而内涵性衔接却远没有得到充分体现。

其次，中高职协调发展受到招生制度的严重制约。一是我国高职院校以招收普通高中学生为主，对口升学招生指标限定在5%以内，这样的政策导致了中等职业学校学生接受高职教育的机会很少；二是由于中高职教学内容缺乏交流，高职考试中文化课的比重与难度在很大程度上会影响中职学生的报考；三是高职的入学考试与中职的教学、考试、证书、技能竞赛之间缺乏有效的沟通与衔接等，可见，中高职衔接渠道遍布阻塞，由于政策缺乏保障使得中高职协调发展在起点上就缺乏强劲的动力，只有改革招生政策，规范招生考试，才能使中职学生既可以选择就业，也可以升入高职继续学习，才能促进中高职的协调发展。

再次，职业教育的发展政策与财政投入之间不协调。国家在教育政策上大力并加快发展职业教育，职业教育的规模迅速增长。而在国家和各级财政的经费投入中，职业教育却常常成为被遗忘的角落。从横向比较上可以看出，同是高等教育，在研究生教育和本科教育上花费与投入远远超过了同一所学校内的高职教育。然而，依据发展中国家对教育成本的统计表明，"高等职业教育的教育成本是普通高等教育的成本的1.64倍。因此，国家对职业教育的历史欠债较多，且缺乏刚性的投入机制，使得财政投入不足已成为推进中高职协调发展的瓶颈问题。

（二）中高职生源结构衔接脱节

受传统的"学而优则仕"思想以及鄙视体力和技能劳动者价值观的影响，职业教育的吸引力不强，高校中存在着普通本科院校与高等职业院校之间的严重门第观念，而非单纯的类型差异，多数学生进入职业教育成为一种不得已的选择，职业教育生源质量逐渐下滑。同时，在高校招生制度的设计上，高职院校招生制度是高校招生制度的一个组成部分，但招生录取顺序上，不能自主或单列进行招生，而是与普通高校一起招生，并且排在普通本科、专科院校之后录取，即所谓"高职只能吃专科的剩饭"。这种管理体制形成了高职教育不仅有屈就于高等教育的态势，也忽略了高职人才更强调实用技能的特点，使选拔标准与人才要求出现错位，与中职的天然联系被割裂，造成了高职教育的定位偏移，同时，高职院校在招生考试时，以招收普通高中学生为主，主要进行理论考核，这使高职院校在招生时就错失了很多职业技能突出的学生。

另一方面，由于近年"普高热"的影响，中职生生源质量总体也呈下降趋势，中职录取分数线已逐年下降，造成了中职生文化基础较差。按现行招生政策，我国高职院校中职升学招生指标只有5%，近几年一些省市对中职升学招生指标有所突破，但比例还是很低，因而学校不会将重点放在5%的学生上；而另一方面，这5%的学生分散在高职的十几个专业里，也不足以引起高职重视。中职教育从某种程度上说就是终结教育，其毕业生升学的渠道不畅，限制了中高职协调发展；即使招生数量较小的中职对口招生考试，在考试方法和评分标准上也存在偏离职业教育方向的现象：文化课统考内容增加，专业技能考试分数比重下降，中职升高职的考试制度如同普通高考，使得文化基础稍差的中职毕业生失去了上高职的机会，这种导向显然不利于职业教育的可持续发展。

高职院校生源主要来自普通高中而非中职学校，高职院校主要通过对口招生考试，来招收部分"职高、中专、技校"等三校生，而且这些接受中职教育学生的比例受到严格的限制。2006年，教育部规定高职对口招收中职应届毕业生和五年制招生的比例限定在5%以内。但是近几年国家高度重视职业教育，受政策的积极影响，2010年，高职学校完成招生310万人，其中，高职学校对口招收中职学校毕业生已达45万人，占当年高职学校招生总数的14%[①]。虽然高职招收中职毕业生的比例近几年在不断提高，但对于庞大的中职学生群体，机会还是微乎其微，不可避免地形成中职和高职两头膨胀发展、中间衔接通道窄小的职业教育结构；另一方面，生源质量参差不齐，普高生知识基础较好，但是没有经过技能训练，中职生有技能，但是文化基础差，普高生和中职生不在同一起跑线上，这势必影响高职教学质量的提高。

总之，在现行的衔接方式中，完全没有职业技术基础的普通高中毕业生和不具备高中毕业文化水平的中职生均未经过相应的补习和过渡措施就直接进入高职院校，势必造成高职生源素质的"先天不足"，严重阻碍了中高职教育的协调发展。

（三）缺乏规范的准入机制，职教师资结构失衡

许多国家和地区职业教育允许从各个渠道引进师资，但在准入时均有严格而规范的程序与机制，且人事体制灵活、法律法规保障完善。但中国职教教师的准入机

---

① 教改纲要实施一周职教发展进入历史新阶段.2011.8.4.http://edu.people.com.cn/GB/15326834.html.

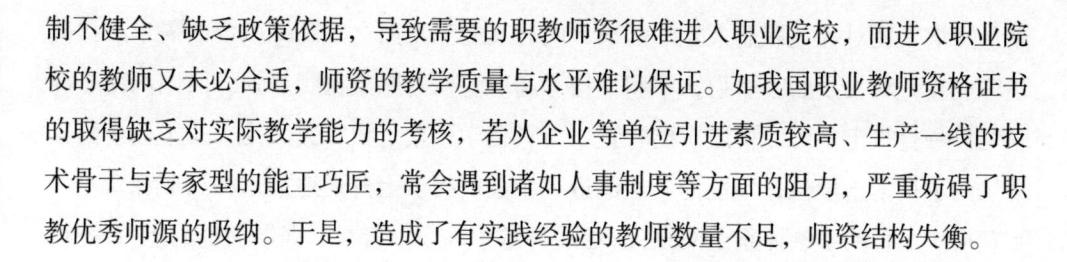

制不健全、缺乏政策依据，导致需要的职教师资很难进入职业院校，而进入职业院校的教师又未必合适，师资的教学质量与水平难以保证。如我国职业教师资格证书的取得缺乏对实际教学能力的考核，若从企业等单位引进素质较高、生产一线的技术骨干与专家型的能工巧匠，常会遇到诸如人事制度等方面的阻力，严重妨碍了职教优秀师源的吸纳。于是，造成了有实践经验的教师数量不足，师资结构失衡。

五、学历教育体制下的协调困境

（一）学历教育备受重视

对比工业发达国家成功的职教模式，我国缺少真正意义上的职业教育，现在有的只是在学历教育基础上的职业教育。国家规定的、学生家长认可的、社会认同的不是职业教育层次的技术含量，而是文凭等级。《劳动法》和《职业教育法》所规定和倡导的职业资格证书在学历学位证书面前已经没有了竞争力。同时，针对职教领域的"双证书"，人们关心的也是学历文凭多于资格证书，造成现在中职学校追求提高层次、中专升大专、技校改为技师学院时有发生，这不仅造成中职招生困难，也使得高职面临着生源不足等严重问题，从而在生源、资源等各方面给职业教育衔接造成了巨大负担。世界发达国家成功的职业教育模式，如澳大利亚的"TAFE"教育、德国的"双元制"教育等并非建立在学历教育基础上的，而是在严格就业资格准入的制度下，走以职业技术资格培训为主、与学历教育相衔接的职业教育之路，比照我国的国情，虽然有很长的路要走，但却是正确的选择，否则，建立中高职协调发展的现代化职业教育体系只能是空中楼阁。

（二）在学制衔接上，高职教育缺乏层次上移的途径

作为和普通教育并行的职业教育体系，却无法与其在学制衔接上相媲美。2004年9月，教育部等七部委联合发出的《关于进一步加强职业教育工作的若干意见》中规定：专科层次的职业院校不再升格为本科院校，限制了高职院校本科层次的规模，专科高职不再有更高的发展空间，使专科高职办学的积极性和主动性受挫。纵观发达国家或地区的高职教育，例如我国台湾的"高职"包括从专科学校经技术学院至科技大学的"硕士班""博士班"，培养职业人才有明确的层次与分工，既能

满足经济发展对各类职业人才的需求，同时又能满足民众对高等教育的需求，提高了职业教育对大众的吸引力，中职生报考高职院校的愿望得到加强。而国内由于高职院校一直被定位为专科层次的教育，不具备学位授予权，无法为毕业生授予国家承认的本科学士学位，不能为学生的进一步发展提供上升通道。这种高职教育难以实现层次上移的学制体系上的缺失，必将导致中高职衔接在实践层面上的重重困难。这种"小职业观"已经开始影响到职业教育体系的进一步完善和职业教育整体的持续与健康发展。

第二节　中高等职业教育协调发展存在的内部问题

一、职业教育观念落后

目前，职业教育体系存在诸多不妥、不畅和不够之处。而这些体系问题的背后还有职业教育观念上的问题，其中包括：一是存在"小职教观"。所谓"小职教观"是把职业教育看作与基础教育等同，是一种职前的、正规性的学历教育，这种狭隘的观念早已经不再适应时代的发展，应取而代之以"大职教观"，即容纳教育与培训、学校内与学校外、职前与整个职业生涯发展过程、正规与非正规、学历与非学历等于一体的新的职业教育观念。目前，各地已逐渐认识到这一问题，2006年《上海市发展职业教育的决定》中明确指出，职业教育要"面向市场、就业导向、校企合作、工学结合、结构合理、形式多样、灵活开发、自主发展"。职业院校只有接纳"大职教观"，职业教育体系才可能走出封闭化、分离化的困境。二是存在单一的人才观与质量观。精英教育的衡量标尺在中国已运用多年，如果将它继续沿用到职业教育这种大众教育中，必然产生封闭化、刻板化等问题，因此职业教育向多元人才观与质量观转变是必然的，也是必须的，只有转变与创新这些观念，中高等职业教育才能协调发展，职业教育体系才可能逐渐完善。

二、培养目标不衔接

中高等职业教育培养目标的准确定位是实现中高等职业教育协调发展的前提条

件。我国中职教育和高职教育作为同一类型的教育，有许多相似性，均是坚持走以"服务为宗旨、就业为导向"的办学之路，在办学模式上突出"校企合作、工学结合"，在教学模式上积极探索"教、学、做"一体化。但由于国内对中高职协调发展的理论研究还处于初步探索阶段，尚缺乏实践检验，两者在人才培养目标的定位上却比较模糊。根据教育部教高〔2006〕16号文件，高职教育人才培养目标定位为：培养第一线需要的高素质技能型专门人才。根据教育部教职成〔2009〕2号文件，中职教育人才培养目标定位为：培养具有综合职业能力，在生产、服务一线工作的高素质劳动者和技能型人才。从以上分析可以看出，两者具有非常高的相似性，如关键词都是"高素质"、"技能型人才"，均是强调学生对职业（岗位）技能的掌握，可见两者的层次性不清晰，缺乏依存性的差异定位，没有体现高职教育是建立在中职教育基础上，两者所培养的专业人才存在着层次上的衔接。

中高等职业教育的培养目标主要是从行业职业岗位的不同要求及相应规范中确定，一般来说，中等职业教育需要对学生进行高中阶段文化知识的补充与再教育，强调以能力为本位；而高等职业教育是中等职业教育的延伸与提升，较中职而言，高职学生在知识面上更宽、在理论基础和专业技术要求上更严。但实际上两者却存在着培养目标不衔接、培养方案脱节等问题。大多数人将中职培养目标定位为培养行业需求的熟练操作工人，忽视了其全面综合职业能力的培养；另一方面，高职并没有将中职视为发展的基础，而是将技术与技能"零起点"的普高毕业生作为主要生源，很难体现高职的高等性与高层次性特点。此外，在培养方案的制订上，高职院校也没有进行生源区分。更值得一提的是，高等职业教育被严格限制在专科层次，是某种程度上的一种终结性教育。因此，当前我国职业教育人才培养目标的定位已经不能适应我国适应转变经济发展方式与发展现代产业体系对应用性技术技能型人才的需求。

三、专业契合度差

从促进中高职衔接的意义上讲，专业衔接是中高职衔接的一个必要条件。但就调查情况来看，当前中高职专业衔接的最大障碍表现为专业设置契合度差，在专业分类、名称、范围要求上宽窄不一、随意性大。

（一）专业名称逻辑混乱

职业教育的专业目录规定专业的划分、专业名称，不仅要反映培养人才的规格要求，还要体现专业鲜明的职业属性。可是从已经颁布的高等职业教育专业目录与中等职业教育专业目录来看，专业间的逻辑关系混乱，并列、从属、交叉等关系兼而有之。高职专业的划分虽然应以行业、产业，或技术领域为主要依据，但是还是兼顾了学科性质，从某种程度上具有很深的学科体系痕迹，比照《普通高等学校高职高专教育指导性专业目录（试行）》及教育部2010年核定招生的《高职高专专业目录》，可以发现许多高职专业与普通本科专业名称相似，两者体现了一定的衔接对应关系，而在专业划分依据与专业名称上却与中职专业差异较大，这在一定程度上加大了中职与高职教育大范围衔接的难度。此外，我国高职院校由于办学时间较短，专业设置欠规范，使得同名专业异质或异名专业类似现象时有发生，也为中高职专业对应衔接设置了障碍。

（二）专业宽窄不对称

中职学校的专业种类繁多、覆盖面窄，使其许多专业的毕业生找不到对接的高职专业；同时，高职开设专业又相对较少，中职毕业生很难找到对口的高职专业，中职与高职专业对接存在错位现象。因此，有的中职毕业生为了继续深造只能放弃原来学习的专业，这种专业设置宽窄不对称不仅造成职业教育资源的浪费，而且远远不能满足中职学生进入高职进行学历提升与技能提高的愿望，更不能满足社会上对一些专业人才的高层次需求。

（三）专业标准缺少层次

人才规格取决于专业标准，中高职的专业标准必须有层次与类型之分。一般来说，专业标准应依据职业标准和资格框架，而职业标准只对职业进行分类而不分层，但在资格框架层面却开始分层。目前我国的职业分类不够细致，职业总数达到2005个，而已颁布国家职业标准却只有907个，职业标准的覆盖率远低于国外[1]。同时,国家统一的职业资格框架尚待完善,1994年,原劳动部、人事部联合颁发了《职业资格证书规定》，开发了五级资格证书框架，这些证书由于一直没能得到更新，在质量、认可度、适切性等方面存在问题。这些为专业标准分层开发设置了障碍，

---

[1]匡瑛.中高职课程衔接需要一体化制度设计［N］.中国教育报,2012—12—19（5）.

使得职业教育专业标准的开发还有很长的路要走。

四、课程衔接不畅

中高职专业衔接的错位必然会反映到课程衔接上,根据《职业教育法》,中高等职业教育分属于职业教育的不同层次,其专业知识和实践技能的培养遵循由浅入深、由低到高、由简至繁的教学过程,因此,中高等职业教育两个阶段的课程标准应有所区分,并相互衔接。而目前我国职业教育体系中,由于历史及管理体制等原因,我国一些职业院校依然以学科逻辑来组织课程,职教课程缺乏与职业资格标准的沟通,中职与高职也没有系统性考虑两者的递进关系,没有制定统一的中高职课程体系与不同层次职业教育课程标准,导致了中高职文化基础课脱节与专业课重复,学生的专业技能倒挂等现象,造成教学资源的极大浪费,不利于高质量、高素质、高技术技能型人才的培养。

(一)课程体系衔接脱节

中高职院校相近专业开设的科目重复,存在着课程名称相同、课程内容重复现象。课程名称相同或相近的课程内容,知识点与技能点重复率较大。以上海市中高职贯通专业食品药品监督管理为例,中职和高职的课程中共有11门课程656学时的内容存在不同程度的重复现象,实践性教学中有12周的教学环节重复,约占高职教学计划总时数的36%[1]。另一方面,中高职教育理论与实践课程培养不匹配,由于长期受就业导向的影响,中等职业教育过于重视技能培养,忽视理论教学;而高等职业教育由于起步较晚没能从根本上摆脱传统高等教育学科性的影响,教学内容往往是理论重于实践,由此导致中高等职业教育在理论教学与实践教学上相互脱节。

(二)文化基础课脱节

中高职文化基础课程目标理应按人才培养层次和未来岗位职业能力需求进行整体设计,然后分阶段实施,以体现层次性与连续性,但是即使是采用分段贯通的教

---

[1] 陆国民. 试分析中高职贯通人才培养模式[J]. 教育发展研究 2012(17):36.

育模式，中高职院校也各自作为相对独立的阶段分别开展教学，缺乏文化基础课程在内容与要求上贯通一致。

由于在高职的生源中，普高毕业生占大多数，中职毕业生占小部分，不同生源的知识结构、文化素质、接受能力等参差不齐。中职的文化课设置遵循够用的原则，中职学生升入高职院校后，对文化基础课的学习普遍感到困难，如高等数学、英语等课程；高职院校未能照顾到不同生源（包括普高毕业生与"三校生"）之间的差异，文化基础课程设置均以普高学生的知识掌握程度为出发点，中职毕业生升入高职后，学习文化基础课普遍较为吃力，考试成绩相对偏低，教师教学的积极性不高。因此，中职和高职文化知识难以衔接成为导致部分高职院校不愿意招收中职生和中职生考高职落榜的一个重要原因。

（三）专业课内容重复

中高职院校各自构建课程体系、确定课程教学内容与实践教学安排，彼此缺乏有效沟通，造成了中高职阶段一些专业课程内容的重复，例如，在酒店管理专业中，中高职均开设客房服务与管理、饮食服务与管理、前厅接待与运转、饭店人力资源管理等专业课程，课程名称与课程内容基本相似，这不仅造成职业教育资源与学习时间的浪费，也严重影响了学生的学习兴趣与积极性。据湖南省的2012年有关统计，中、高职院校同一专业的课程体系和教学内容重复率高达30%以上。另有学者对上海市同类专业的中职和高职的教育计划做过比较分析，结果是医学类的相关专业重复率高达70%，工科类的相关专业重复率也在45%~55%[1]。可见，现阶段中高职衔接的课程还没有建立，中高职的衔接仅停留在制度层面。

（四）教材建设理念及内容设置滞后

目前我国职业院校缺乏中高职衔接贯通的特色教材，特别是专业课教材，教育主管部门对职业教育教材的选用缺乏统一、规范的标准，学校对教材审核也不严格，这样造成不少中高职院校类似专业采用同一本教材，因此，中高职的专业理论课程重复现象普遍，极大地挫伤了教师与学生的积极性。当前，有较多的中高职教材是由普通高校的专业课教师来编写，而大部分普通高校的教师缺少对职业教育教学规律的认识，缺乏对职业教育培养目标内涵的掌握，在编写教材时受普通高等教育思

---

[1] 中高职教育衔接模式研究 2012–11–6 http://www.cj-edu.com.cn/kjc/5662.htm.

维定式的影响，往往以普通高中毕业生为学习对象，造成所编教材偏重于理论性、学术性，技能性、实践性不足，难以满足职业院校学生学习与发展之需。另一方面，由于很多高职院校是由中职和技校升格或合并而来，虽然部分教师具备丰富的实践知识，但由于学历和职称普遍偏低，其职业教育理论水平还需进一步提高，缺乏编写高质量、符合学生发展需求的教材的能力与水平。

（五）技能训练重复

在实习实训与专业技能培养方面，高职与中职理应体现出不同层次的内涵差异，然而在实际的实践技能训练中，中高职层次区分不明显，部分高职院校由于创办时间较短，缺乏实践的积累、经验的积淀，课程设置中的专业实训、技能培养环节均不成熟；另一方面，由于办学经费不足、校企合作深度不够，在实训、实习方面，高职院校的设备、师资、训练方法，与中职相比，均没有明显优势。因此，高职与中职在实践技能培养方面不如在知识理论方面的层次区分明显，不少高职院校技能训练定位低，中职学生升入高职后，有些实践训练项目与中职相差不多，存在中高职技能训练重复，甚至在一定程度上出现了"倒挂"的现象。

五、学分转换困难

学分是对学生先前学习经验或知识学习的承认。教育部办公厅早在2001年9月就下发了《关于在职业学校进行学分制试点工作的意见》，2004年8月又下发了《关于在职业学校逐步推行学分制的若干意见》，为我国职业学校全面实施学分制提供了政策保障。各地纷纷开始实行学分制改革，但学分转换实施的范围比较小，学分改革只处于试验阶段，甚至是纸上谈兵的"科研"阶段，远未深入到教学理念重塑、教学体系重构、教学模式创新、教学资源整合等纵深环节。学分转换困难显然是受到诸多因素的影响与制约，不仅体现在政府的扶持力度不够与政策执行力度不够等方面，更主要体现在中国传统教育模式的制约因素，以及推行学分制本身存在的操作性困难等方面。

六、师资素质培养不到位

　　技能型人才的系统培养能否达到预期效果完全取决于"双师结构"教学团队的知教与执教能力。职业院校大部分专业教师是从本科院校毕业的，头脑里有学科体系的烙印，虽然经后续的培训与学习，对职业教育的本质、培养目标等理念的掌握逐渐在提高，但对于工学结合课程的实施尚有很多不适应之处，主要表现在教师本身动手能力不高、对行业企业最新生产工艺、操作方法不熟悉、对理实一体化的教学组织方式不熟练等。

　　随着职业教育的外延和内涵的不断发展，随着中高职衔接的发展、职教体系的构建，现有的师资力量远远跟不上职业教育需求，具体表现为职教师资培训不到位，从职前培训来看，培养目标的学术性、师范性、技术性有待整合；培养模式的职业性、实践性、情境性有待强化；培养课程的内容、结构、方法有待改革。从在职培训来看，缺乏规范的、长期性的培训计划；缺乏灵活的、多样性的培训机构；缺乏自主的、个性化的培训内容；缺少激励的、发展性的培训评价等。

第五章 中高职协调发展的案例研究

目前，我国不同地区都开展了区域内中高职协调发展的实践探索，教育部职业技术教育中心研究所研究员姜大源指出，不同地区中高职协调发展依据自身的有利条件选择了适合自己的道路，有的是从制度层面为中高职协调发展打开通路，有的是从课程内容层面将中高职协调发展推向深化。两条道路结合起来，就是我国中高职协调发展的"春天"[①]。

第一节　发挥示范院校引领作用系统化推进中高职协调发展
——以成都市为例

一、成都市中高职协调发展背景

依据国家、四川省制定的"十二五"产业发展规划，未来五年将以转变产业发展方式和调整经济结构为主线，部署经济社会转型，特别是四川省正在规划建设的天府新区将重点建设高端服务业集聚区。在此背景下，成都市确定了"城乡一体化，充分国际化，全面现代化"的发展方略和"建设西部经济核心增长极"的战略目标，明确了依据"以产业高端和高端产业为特征的现代产业体系对一线技能人才到高技能人才"的链式需求，职业教育必须进一步提升服务产业发展能力，以系统化培养现代高素质技能型人才为建设目标和使命。因此，成都构建现代职业教育体系迫切需要更新观念、明确定位、突出特色、提高水平，促进中等和高等职业教育协调发展，探索中等和高等职业教育贯通的人才培养模式，搭建终身学习"立交桥"，在职业院校试点中高职衔接的人才培养体制改革势在必行。

---

① 李玉珠.中高职发展踏上"和谐号"［J］.教育与职业,2011（16）：31.

长期以来，四川省高职院校招生对象的主体是普高毕业生，招收中职毕业生的比例被限定在很小的范围内，而且严格按照普高考试模式录取，高职的单招对象也是普高毕业生。为了打破这种局面，建立衔接渠道，2011年，成都市人民政府办公厅关于印发《成都市教育体制改革试点方案》的通知，明确地将"开展中等职业教育与高等职业教育、继续教育衔接试点"作为当前教育体制改革的重要任务之一。该方案的出台，表明了成都市政府在推动中高职衔接工作中的态度与决心。

目前，成都市对中高职衔接工作进行了积极探索，且成效显著，区域内的中高职衔接工作呈现出四个特点：一是认识到位；二是工作机制健全；三是措施有力得当；四是路径模式合理。并且市委市政府就下一步成都区域中高职衔接工作提出更高要求，开展中高职衔接，一是要立足于成都"两个试验区"的大背景，紧密服务地方经济社会发展，为全国职教改革提供经验；二是要紧密结合成都新的发展战略和定位，紧密结合成都发展和产业升级，努力提升职业教育的规格与品质；三是突出"职业"属性，在课程构建上强化结构、层次、逻辑，构建全面系统的课程体系，将核心、应用、战略和濒危课程有机结合，注重文化知识技术的传承；四是要有国际化视野，积极实施走出去战略，借鉴世界先进职教体系的经验。成都市要求相关部门及时总结成都职业技术学院牵头推进的中高职衔接工作经验，推向一二产业的院校，推动和利用在蓉高校的资源整合利用，促进职业教育向上延伸[1]。

由于我国大力发展职业教育的时间职业教育不长，职业教育又和经济社会发展，特别是产业发展密切相关，变化速率较大，会使得中等与高等职业教育衔接像"蜀道"一样难。但是对于这样的难题，成都市不仅从顶层设计开始，而且从底层实践进行突破，再上升到顶层，形成一系列促进中高职有效衔接的政策和制度。

二、成都职业技术学院的实践案例

（一）做好顶层设计，明确核心思路

成都职业技术学院（简称成职院）以"国家骨干高职院校"和"省级示范高职院校"建设为契机，积极落实《成都市教育体制改革试点方案》，做好顶层设计，

---

[1]成都区域中高职衔接工作卓有成效.http://www.cdvtc.com/cdvtc07/ltem/21018.aspx.

夯实基础工作，明确核心思路，以"企业需求"为核心，"三个方案"为衔接主体，借助成都高职中专教育学会下的中高职衔接工作专委会成立3个工作组，形成9个衔接专业，对成都区域的中高职衔接进行了积极的探索，全面启动了中高职深度衔接试点工作。

职业教育培养的学生能否就业好，其关键在于是否符合企业的用人标准。成都职业技术学院确定了以"企业需求"为导向的中高职衔接工作核心，让企业全程参与中高职衔接工作。之后，又制定了以"一体化人才培养方案、学生职业素质评价方案、招生改革录取方案"，即"三个方案"为衔接主体的工作思路。针对由成都职业技术学院牵头、15所中职学校参与的中高职衔接工作，构建了以成都职业技术学院确定的"企业需求"为过程导向的中高职衔接工作核心，以"三个方案"（一体化人才培养方案、学生职业素质评价方案、招生改革录取方案）为衔接主体的工作思路，为成都乃至全国的中高职衔接教育实践提供了经验。

1. 一体化人才培养方案

着力优化中高职一体化课程体系与中高端技能人才培养方案。围绕成都经济发展方式转变和产业结构调整需要充分发挥职业教育"校企合作"的先进经验，以"教学服务于企业"为理念，在教学目标、课程设置、技能训练、职业标准等方面，重构中高职衔接专业的人才培养方案。

2. 学生职业素质评价方案

该方案高度重视企业对学生职业素质教育的要求，通过加强中高职院校间的交流，培养学生职业习惯、社会公德；通过加强职业院校与企业间的多渠道交流，使学生提早适应企业的职业标准、感受企业文化。最终，多方合作形成中职学生的职业素质评价标准。同时，方案中职业素养考评办法的原则、方法、考评内容和考评量化指标等要符合"中高职衔接"试点工作相关政策，与各中职学校现行的考评办法衔接，并符合目前中职阶段德育管理的实际。

3. 招生改革录取方案

该方案借助骨干高职院校单独招生政策，参考企业对不同层次学生的技能操作要求，探索建立高职院校对中职考生在考试内容、考试形式、评价模式方面的全新招生模式，通过改革现行的以知识为主、文化优先的考试制度、录取制度，使得中高职衔接模式更加完善。按照教育部"知识+技能"选拔中职学生升入高职的要求，积极争取政策试点，创新招生模式，对试点专业的学生实行单独考试、单独招生，升入高职后单独编班；考试内容变为文化测试、专业技能和面试三个方面。对参加国家、省、市技能大赛获奖或获得行业高级资格证书的学生免试或加分。

（二）衔接路径

1. 构建一体化人才培养方案

成职院自 2011 年以来，坚持推进中高职一体化工作。目前已形成 9 个专业中高职一体化人才培养方案，与成都地区 20 多所中职学校进行了中高职衔接的专业、课程直接对接，在中高职衔接方面取得了可喜成绩。出台各衔接专业教学标准和核心课程标准，并编制各衔接专业的标准《实训手册》。确定了各衔接专业在就业面向、培养目标与规格、职业资格证书、教材使用和开发、课程体系与核心课程、教学建议、考试大纲、专业学习深造建议等方面的具体方案。根据中高职衔接一体化人才培养方案选定核心课程教材，如现有教材不能满足使用要求，就要充分发掘自有资源，与中职学校相关专业教师共同开发中高职衔接专业课程教材，以适应一体化人才培养方案需求。

2013 年成职院的软件分院、财经分院、工商管理与房地产分院先后召集专业教师团队，会同杰普华新科技有限公司、上海商派网络科技有限公司等多家企业专家团队，与成都礼仪职业中学、成都蜀兴职业中学、成都工业职业技术学校等 14 所中职学校的专业教师团队一起，共同修订完善了中高职衔接计算机应用技术专业、计算机网络技术专业、应用电子技术专业、会计专业、金融专业、电子商务专业的一体化人才培养方案。

2. 搭建好技能立交桥

将工作重点放在落实实训资源共享上，制定了《成都区域中高职衔接实训手册》，分中职阶段、高职阶段实施，使职业院校能够充分利用现有资源，切实提高学生职业素养，明确专业核心技能，为学生成才搭建好技能立交桥。

3. 以技能大赛促衔接

制订各衔接专业学生技能比赛方案，以比赛为载体，有效评价中高职衔接教育教学水平。同时为了推动学生技能竞赛工作，成都中职院校为参赛学生提供相应的政策支持，包括：每位参赛选手可凭参赛证参加高职学院的单独招生考试，并免交报名费；比赛中获奖的选手，参加单独招生考试时可以获得不同程度的加分；参赛学生凭参赛证可以获得学校提供的就业指导与帮助等。2013 年 12 月 7 日，由成都市教育局主办，成都职业技术学院、成都高职中专教育学会—中高职衔接专委会、成都旅游职教集团、成都农业科技职业学院共同承办的"成都市首届中高职衔接技能大赛"在成职院高新校区举行。成都市18所中职学校的526名学生参加了旅游类、财经类、计算机类和电子类等四大板块的专业技能比赛。通过竞赛，社会各方对相关学校的人才培养质量，特别是学生基本技能进行了一次全面检验，不仅促进了职业学校学生专业技能的提升，也为中职学校和高职院校在教育教学、技能实训、中高职一体化构建等方面搭建了沟通与交流的平台[①]。

4. 以师资培训促衔接

实施中高职一体化人才培养方案，深入推进中高职衔接工作，必须有中高职学校师资培训工作做依托，成职院衔接专业教学工作组不断开展不同形式、不同层面的师资培训和交流活动，通过采取集体教研、教学示范、课件共享、远程授课等形式，提升各衔接专业的师资教学水平。

5. 整合资源促衔接

为切实推进中高职院校衔接工作，成职院牵头建立中高职衔接专委会工作门户网站，形成信息化的工作交流平台、信息发布平台、教育教学资源共享平台，并紧紧围绕如何更好实现资源整合，最大效益地实现资源共享而开展工作；并建立了中高职衔接专网，实现了校际资源共享。随着衔接工作的不断推进，成职院牵头对实训教学资源、课程教学资源和师资队伍资源进行梳理与整合，在教学资源共享、网络平台共享、实训基地共享、就业信息共享等方面与成都区域内中职学校进行深度合作，真正建立起现代职业教育人才培养立交桥。

（三）条件保障

1. 思想保障

参加中高职衔接办学的院校和当地教育行政主管部门对国家推进中高职衔接工作的重要性均有充分的认识，并在职业教育改革进程中，各有关部门已基本形成了现代职业教育理念，特别是中高职衔接院校之间，彼此认同职业教育的价值取向和教育教学的质量水平。

2. 组织保障

为了共同探讨与实施区域内中高职衔接实施方案，2013年4月成都职业技术

[①]学院承办成都市首届中高职衔接技能大赛.http://www.cdvtc.com/cdvtc07/Item/24543.aspx.

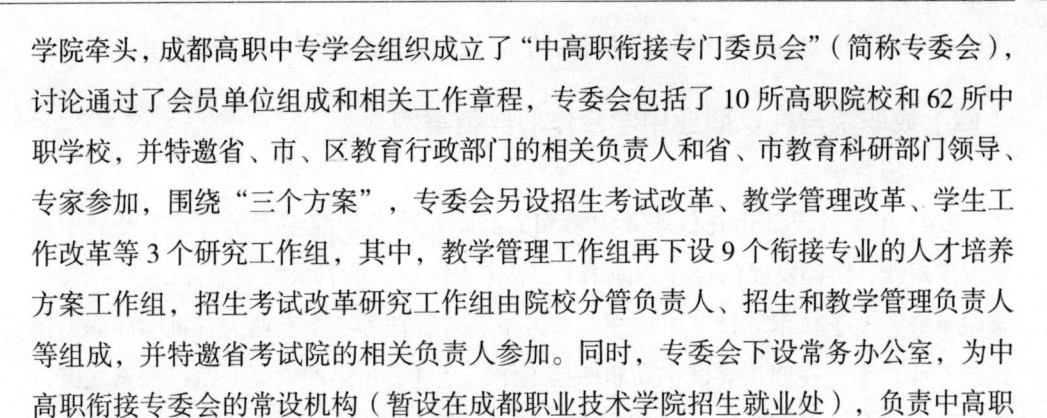

学院牵头，成都高职中专学会组织成立了"中高职衔接专门委员会"（简称专委会），讨论通过了会员单位组成和相关工作章程，专委会包括了10所高职院校和62所中职学校，并特邀省、市、区教育行政部门的相关负责人和省、市教育科研部门领导、专家参加，围绕"三个方案"，专委会另设招生考试改革、教学管理改革、学生工作改革等3个研究工作组，其中，教学管理工作组再下设9个衔接专业的人才培养方案工作组，招生考试改革研究工作组由院校分管负责人、招生和教学管理负责人等组成，并特邀省考试院的相关负责人参加。同时，专委会下设常务办公室，为中高职衔接专委会的常设机构（暂设在成都职业技术学院招生就业处），负责中高职衔接的日常联络、常规事务、师资培训等服务性工作等。

3. 管理保障

中高职衔接专门委员会建立联席会议制度与日常工作机制，全面统筹规划指导并推进各项工作的计划与实施。

教学管理改革研究工作组的主要工作任务包括：开展中高职衔接教学管理制度创新、教学计划衔接与实施、教学质量监控与认定、资源配置方式与标准等研究与试点工作；牵头组织各专业对接工作小组，探索建立中职毕业生升入高职的学业水平认定标准、入学资格认定标准、专业课程衔接与学分认证办法等；探索学生综合素质评价的实施方法，突出学生职业道德和职业能力考核内容；探索双方共建共享实训基地办法等。

学生工作改革研究工作组开展的任务包括：负责探索建立适应中高职衔接人才培养模式的学生思想政治和道德教育工作方法；建立中职生评定标准和评定机制，并将其作为学生升入高职院校的主要依据之一。

招生考试改革研究工作组开展的任务包括：负责探索建立以实际技能和工作绩效为导向的高职院校招生考试改革方案；通过对单独招生制度的改革试点，针对报考学院的中职毕业生，在考试内容、考试形式、评价模式等方面探索新的招生模式，建立和完善中职学校毕业生直接升学制度。

4. 政策保证

各级教育行政部门和省考试院转变政府职能，积极支持职业院校参与中高职衔接试点工作，并加强对中高职衔接试点工作的指导，包括指导全省中高职衔接招生考试工作、中高职衔接教学管理制度、中职生职业素养考核办法等，为中高职衔接试点工作提供政策和工作上的支持，积极调动行业企业的积极性，建立起相关专业与产业、行业的对话协作机制，并及时将成功经验在全省进行推广与使用。

（四）成职院与礼仪职业中学合作的典型案例

1. 实施背景

2011年5月成都市礼仪职业中学和成都职业技术学院签署了《关于开展中高职深度对接，协调发展的合作意向书》，确定了区域产业升级发展急需的航空服务、金融事务、电子技术、计算机应用、景区服务与管理等5个专业为首批中高职衔接试点专业，率先在四川尝试中高职衔接工作，经过了3年的中高职衔接探索之路，取得了一定的成功经验。一是通过"3+3"的学制对接，专业对接，课程对接形成了5个专业的一体化的人才培养方案，并得到成都市28所中职学校认同与效仿实施；二是成职院大胆改革招生考试办法，采用"知识+技能"的考试方法对通过该人才培养方案学习的学生进行单独考试录取、单独编班学习，逐渐形成中高级技术技能型人才的系统培养。

2. 衔接路径

（1）调研职业岗位，实现专业对接

合作院校双方共同深入行业企业调查职业岗位与资格，同时邀请行业专家，共同研究确定了中高职衔接专业对应的职业岗位和人才规格。例如，景区服务与管理专业的职业面向包括：景区与展览讲解、景区与旅行社咨询、旅游产品营销、景观设计、旅行社计调、旅游规划与策划、导游等岗位。并经过多方协商共同确定了：该专业在中职阶段主要培养景区与展览讲解、景区与旅行社咨询、旅游产品营销等一线岗位；高职阶段主要将培养目标高移到景观设计、旅行社计调、旅游规划与策划、导游等一线岗位。这样，通过明确中职和高职各自所对应的不同职业岗位群或相同职业岗位群中不同层次的人才规格，来界定专业培养目标的层次，使中高职人才培养呈现出梯度与层次递进关系，较好地解决了中高职衔接的专业对接问题。

（2）共同研发课程，实现课程衔接

①共同排查重叠课程

调研组经过排查发现，两校的课程重叠率很高。例如，金融事务专业的礼仪、普通话等课程基本重叠，会计电算化课程重复率达到87.11%，计算机基础为85.15%，会计基础为60.13%，金融理论课为23.13%。

②共同协调组织课程设置

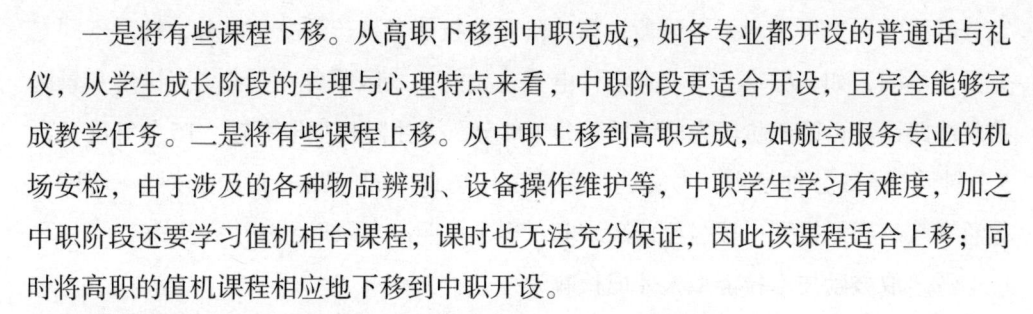

一是将有些课程下移。从高职下移到中职完成，如各专业都开设的普通话与礼仪，从学生成长阶段的生理与心理特点来看，中职阶段更适合开设，且完全能够完成教学任务。二是将有些课程上移。从中职上移到高职完成，如航空服务专业的机场安检，由于涉及的各种物品辨别、设备操作维护等，中职学生学习有难度，加之中职阶段还要学习值机柜台课程，课时也无法充分保证，因此该课程适合上移；同时将高职的值机课程相应地下移到中职开设。

③共同设计编排一体化课程

针对有些技能复合水平高、需要大量经验积累、需要长时间教学与训练才能掌握、中高职存在重复设置的骨干课程，并且中职和高职各自完成均有困难的，则可设置为中高职衔接一体化课程。比如金融事务专业的会计课程，如果把学生具备的建账、填制会计凭证、登记账簿、对账、结账、编制报表等基本的会计核算能力放在中职阶段培养，那么高职就会有更多课时用于银行会计、工业会计的学习。再比如计算机应用专业，中高职都开设动画设计课程，经过一体化设计之后，在中职阶段集中开设 Flash 部分，增加色彩与构图；在高职阶段集中开设 3DMax 部分，并增设素描课程，使学生熟悉并掌握建模、材质、灯光等较高层次的操作技巧，同时将高职开设的《计算机基础》、《办公自动化》全部下移至中职完成。

（3）改革招生办法，实现考试衔接

为切实解决中高职衔接招生考试问题，改变了以往单凭知识书面考试来决定升学资格的普通教育招生考试的做法，主要采用中高职专业一体化衔接招生办法与"知识+技能+面试"的中高职衔接考试方式，同时努力争取鼓励技术技能型人才成长的相关政策并及时实施。

①采用中高职专业一体化衔接招生办法

规定参加中高职衔接升学的中职毕业生，必须具备两个条件：一是在对口衔接专业学习的中高职衔接课程合格，报考时只能选择对口衔接的专业，如金融事务专业的中职毕业生只能选择成职院的金融专业，不能转专业；二是取得中高职衔接课程规定的职业资格证书或技术等级证书，如计算机应用专业必须具有计算机基础二级证书和办公自动化初级证书。

②采用"知识+技能+面试"考试方式

规定中高职衔接考试分为三个阶段，第一阶段为文化基础考试，其中，理工类专业考语文、数学两科，文科类专业考语文、英语两科，每科100分，总分达到划定分数线的考生可进入下一阶段；第二阶段为技能考核，总分 100 分，针对不同专业要求不同，如金融事务专业考会计电算化技能、景区服务专业考景点讲解和景区参观线路设计；第三阶段为面试，总分 100 分，考生随机抽取考题，15 分钟准备，5 分钟陈述，5 分钟答辩，考题选自实际工作场景中的问题。录取时依照三阶段分数总和从高到低排列，按名额依次录取，程序比照高考录取办法。

③争取鼓励技术技能型人才成长政策

充分考虑技术技能型人才的成长周期和向高技术技能型人才转化的可持续发展基础，特别争取到了向有专长技能和特殊才能的毕业生给予鼓励的优惠政策。省招生办法规定，允许获得教育部举办的全国职业院校技能竞赛一、二等奖和省教育部门举办的省级技能竞赛一等奖的毕业生免试入学，对获得其他等级奖项和市级教育部门举办的技能竞赛奖项的毕业生，给予 10—30 分的加分奖励[1]。

三、成都航空职业技术学院的实践案例

（一）确立"外对接、内衔接"逻辑关系，理清衔接脉络

构建现代职业教育体系的重要一环就是中高职教育衔接。具有职业教育属性的中职与高职作为同一类型教育，若能很好地实现衔接与贯通，将两大资源整合，就能更好地面对外界环境的竞争与压力，就能很好地适应现代产业体系的客观需求，以及满足人民群众对职业教育提出的新要求。成都航空职业技术学院（简称成航院）借助"国际电子职业教育与职业发展集团"的专家团队力量，确立了具有跨界思维特点的"外对接，内衔接"的逻辑关系（见表 5.1），为系统化推进中高职教育衔接理清了贯通脉络。

表 5.1　　　　　　　　"外对接，内衔接"的逻辑关系[2]

外对接	内衔接
对接产业与行业	衔接 中高职相关专业
专业对接产业	衔接　职业岗位群
对接职业岗位群的职业能力	衔接　中高职专业人才培育目标

---

[1] 礼仪职中推出我省首个"国示校"典型案例在全国推广和示范. http://125.71.28.91:555/dongtaimore.aspx？id=79

[2] 李学锋. 发挥示范院校引领作用系统化推进中高职协调发展[J]. 成都航空职业技术学院学报 2012（2）：8-15.

续表

课程内容对接职业标准	衔接　国家职业标准的进阶"工作要求",构建进阶式、系统化的中高职教育职业训练体系; 衔接　中高职课程,形成工学结合、能力本位的中高职衔接的课程体系
对接项目或工作任务	衔接　中高职课程内容与教材编写内容,形成中高职贯通的应用性知识体系
教学过程对接生产过程	衔接　中高职课程教学做一体化的教学模式,物化成教材编写结构、承载教学内容
对接企业用人标准与企业文化	衔接　中高职专业与课程的评价体系
学历证书对接职业资格证书	衔接　中高职教育的社会评价
通过课程衔接实现中高职教师团队衔接、实训基地衔接,实现中高职学历培养方案的系统化	

（二）建立产教协作机制,搭建衔接运行平台

形成政府主导、行业指导、企业参与的办学机制可有效调动行业企业的积极性,实现校企深度融合,促进资源优化配置,提升职业教育的办学质量与服务能力,促进中高职教育协调发展,有利于系统培养高素质技术技能型人才。

依据《四川省成都天府新区总体规划（2010-2030年）》中确立的在成都经济技术开发区"聚集发展以汽车研发制造为主导的万亿级高端制造产业"的战略部署,以四川省教育厅、成都国家经济技术开发区为上级主管,接受汽车产业服务局、汽车产业协会的参与指导,由一汽大众成都有限公司、成航院等8所高职学院、3所中职学校、20个企业组成,建立了由政、行、企、校各方联合发起的成都汽车产教联盟,形成了一个跨地区、跨部门、跨所有制的具有区域性合作组织特征的产学研联合体,为产教双方搭建了互为依托的创新平台,也为服务国家经济技术开发区汽车全产业链搭建了不同层次人才培养平台。联盟内优势互补、合作共赢、校企共育人才,共同探索教学链、产业链、价值链、利益链融合的职业教育办学特色,构建了以中高职专业衔接为载体的"校企合作开发－协议制度约束－全程质量监控－学分制贯通－就业深造自主"的运行机制,联合开发了职业定向性鲜明的中高职衔接的专业课程体系,切实增强了职业院校服务经济社会发展与服务人才全面发展的能力。

（三）中高职院校合作,创新人才培养方式

2011年,成航院面向区域产业发展,将学院9个特色与重点专业与中职学校相

应专业衔接，以合作项目的方式与10所中职学校签订了"创新中高职衔接，校企合作、工学结合的人才培养模式和运行机制"合作协议。成航院以教学环节中教学文件的开发与建设为载体，对中职教师开展了系统培训，包括：对接服务的产业开展市场调研，确定专业培养目标与人才培养规格；对接职业岗位群与国家职业标准开发课程体系、建构工学结合中高职衔接的人才培养方案；对接工作过程与职业能力选择教学内容，创新基于任务分析落实能力培养的课程教学模式与实施方案；适应新课程、支撑教学和服务社会功能的师资队伍建设；校内外实训基地建设的措施与机制；适应中高职衔接的教学管理制度建设及教学过程管理系统性的设计与实施；适应不同层次职业能力培养要求的学生管理模式、顶岗实习的教学设计与实施管理等，总之，通过中高职合作全方位提升职业教育服务区域产业、行业、企业发展的能力。

（四）调研入手、试点先行，系统设计中高职衔接人才培养方案

成航院在研究四川省国民经济和社会发展"十二五"规划的基础上，针对四川省未来大力发展的7个产业，选择了对接电子信息支柱产业的电子技术应用专业为先行调研与研究试点专业。

1. 学校调研

在四川省教育厅职成处的指导和统筹安排下，针对区域内不同背景的学校和具有电子技术应用专业的学校，分别组织召开了中职学校校长、教务处长和骨干教师等不同类型与层次的调研会议，广泛收集目前在中职学校的教育教学中存在的各种问题。

2. 企业调研

由成航院牵头中职学校组建课程开发团队，开展市场需求调研。指导中职学校处理调研数据，初步确定中高职衔接专业的服务面向，确定对应的职业岗位群，同时基于职业岗位群与电子行业职业能力层次的对接，对专业进行中高职不同层面培养目标的贯通设计。

3. 研究剖析

成航院牵头校内外专家组，剖析区域内十三所中职学校电子技术应用专业的人才培养方案与课程设置，在系统分析区域产业需求与市场需求的前提下，梳理出中职教育在专业培养目标、课程体系、课程内容与教材、师资队伍等专业建设方面存

在的共性问题，同时围绕区域经济发展方式转变与产业结构调整需要，分析中高职衔接中存在的关键问题，最终形成《关于中职电子技术应用专业人才培养方案综合分析报告》，给后续中高职衔接工作提供可靠依据。

4. 开发系统性的中高职衔接人才培养方案

中高职衔接人才培养方案的开发是通过校企合作，依据"外对接、内衔接"逻辑路径，按照国际上较为公认的"职业带"理论对社会人才结构的分类，以职业活动为导向，探索宏观（市场需求与职业岗位群要求）到中观（课程体系）直至微观（学习单元）的内在联系，开发出中高职衔接的应用电子技术专业人才培养方案。既确保中职三年实现培养高素质技能型人才的培养目标，使学生就业有技能，又能保证学生在修满中职三年教育学分后，具备直接升入高职教育阶段的职业能力基础。同时依据中职3年、高职2年的学分贯通的人才培养方案，构建适应中、高职专业课程教学模式的教师职业资格培训方案、专业教学标准框架、中高职衔接的专业教学资源库框架等。

（五）整合资源，开发适合中高职课程衔接的系列化教材

广泛整合社会优质资源，由中高职院校的骨干教师联合企业专家、德国职教专家，在基于职业活动导向中高职衔接的课程改革成果的基础上，学习借鉴德国电气技术人员认证的系列专业教材，编写了一套中高职衔接电子技术专业系列化教材。该套教材以学生职业能力培养为主线，做到了：对接职业标准，精选教材内容；对接生产过程，融合"职业活动导向"的教学过程和"行动导向"的教学方法，改革教材内容结构、序化应用性知识体系；关注学生的学习兴趣与发展，创新教材编写形式，促进学生转变学习方式；对接任务或项目，遵循认知规律和职业成长规律，贯通设计中高职同类课程内容。

（六）探索课程开发与实践为载体的师资培训模式，提升教师执教能力

成航院专门组建了由国家教学名师领衔，国外职教专家、企业工程技术人员等65人参加的课程开发团队，在区域内针对中职教育特点与存在问题开展教学研究，进行了12次统一标准与质量师资培训，形成了系列化培训方案并开展有效实施，从转变中职教师的教学观念入手，采取学中做、做中学的方法，可视化的表现形式，有目标有计划地实施各培训模块，让学员亲自体验行动导向的职业教育教学方法、公共课程与专业课程开发方法，学会构建工学结合、能力本位的课程体系，能够制

定专业教学标准,让中职教师循序渐进地经历学习、设计、实施、分析、再设计的循环,从而提高中职教师与教学团队的课程开发能力和执教能力,为中高职衔接的师资队伍建设打下良好基础。

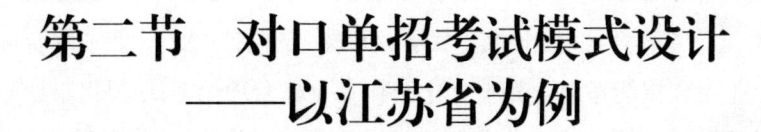

第二节 对口单招考试模式设计
——以江苏省为例

一、由省级职教集团的牵头院校组织成立专业联合考试指导委员会

2008年,江苏省教育厅对对口单招制度进行改革试点,将由各市承担的技能考试改为由全省统一进行。根据对口单招的专业类别,决定分专业大类成立专业联合考试指导委员会,由省级职教集团的牵头院校、部分本专科招生院校和省职教的教科研中心组、中职成员学校等单位组成,全省共成立建筑等16个专业联合考试指导委员会(简称××专业联考委)(苏教职〔2008〕3号),各专业联考委承担两项职责:一是负责协调本专业大类有关院校,共同组织完成对口单招专业技能考试工作,制定或修改对口单独招生专业综合理论考试大纲、专业技能考试标准及专业技能考试实施方案,同时负责组织实施,并具体负责专业技能考试的命题、考试、评分和成绩处理工作,且负责对成员院校对口单招工作进行检查总结;二是指导招生院校单招班级的教育教学改革工作,按照省教育厅"根据单招学生的特点和培养目标,单独制订和实施教学计划,单独组织教学,单独进行教学评价"的"三单独"要求,成立专家工作组,探索对口单招形式的高职人才培养模式,组织对招生院校教学改革情况进行视导、检查、指导和研讨,充分体现其培养特色,努力适应经济社会发展对高素质技术技能型人才的需求[①]。

---

①省教育厅关于成立普通高校对口单独招生专业联合考试指导委员会的通知 http://www.jseea.cn/contents/channel_42/2009/02/0902231402115.html

二、江苏省对口单招考试模式设计

江苏对口单招采取 3+X + Y 的考试模式，即文化统考 + 专业技能考试。"3"为文化课考试，考试科目为"语文、数学、英语"三门；"X"为专业综合理论考试；"Y"为专业综合技能考核。其中文化课和专业综合理论考试（即文化统考）由江苏省统一命题，并且所有科目实行闭卷笔试，考试时间为 5 月下旬。专业综合技能考试形式和内容由各专业大类联考委确定，专业综合技能考核由各市教育局职教部门在 3 月份组织进行。考生总成绩将于 6 月中旬由当地教育部门通知，同时江苏省划定并公布最低录取控制分数线，7 月中旬省统一录取[①]。

（一）招生范围及对象

招生范围及对象包括：具有本省户籍或取得本省学籍，且符合普通高校招生报名基本条件的中等职业学校（含普通中专、职业中专、职业高中、成人中专、技工学校）的应、往届毕业生。

（二）招生计划与招生章程

江苏省教育考试院将根据省教育厅下达的对口单招年度计划，以适当形式向社会公布。高校向社会公布招生信息的主要形式是《招生章程》，它是高校向考生的公开承诺，是其开展招生工作、录取新生的重要依据，各高校招生章程均应符合国家法令法规与政策规定。

（三）命题

1. 专业技能考试的命题工作由各专业大类联考委分别组织实施。命题按照江苏省教育厅公布的对口单招专业技能考试标准执行。

2. 文化统考的命题工作由江苏省教育考试院统一组织进行。命题按照江苏省教育厅公布的对口单招语文、数学、英语三个考试科目和各专业大类专业理论考试大纲执行，有关高校和中等职业学校在命题教师的选派等方面有责任予以支持和配合。

---

① 江苏对口单招考试科目. http://www.prcedu.com/news/gaokao/137884.html.

（四）考试

1. 考试形式：专业技能考试+文化统考。专业技能考试形式与内容由各专业大类联考委确定。文化统考科目为语文、数学、英语、专业综合理论，实行闭卷笔试，试卷分为试卷Ⅰ、试卷Ⅱ两部分，试卷Ⅰ为选择题，试卷Ⅱ为非选择题。

2. 科目分值：专业技能300分；专业综合理论300分，语文150分，数学150分，英语100分，满分1000分。艺术类专业不设专业综合理论考试，满分为700分。

3. 专业技能考试工作在江苏省教育厅、江苏省教育考试院的领导下，由各专业联考委按照《江苏省教育考试院关于印发〈江苏省普通高校对口单招专业技能考试工作指导意见〉的通知》（苏教考招〔2009〕61号）组织实施。文化统考工作在省教育厅、省教育考试院、各市招委、教育局的领导下，由各市招办严格按照《江苏省2014年普通高校对口单招文化统考考务工作细则》在标准化考点组织实施。

（五）评分与评卷

1. 专业技能考试评分工作由各专业联考委统一组织实施，各专业联考办负责按有关要求具体承担相关评分工作。

2. 文化统考评卷工作由江苏省教育考试院组织。其中，语文、数学、英语科目将实行网上评卷，专业综合理论科目仍实行传统纸质评卷。具体评卷工作由有关高校按省教育考试院要求组织实施。

3. 专业技能和文化统考的考试成绩由江苏省教育考试院公布，各市、县（市、区）招办（教育局职教部门）按省教育考试院的相关要求及时通知考生本人。

三、对口单招考试模式的设计特点

（一）建立统考平台，实现技能考试标准化

16个专业联考委通过与中高职学校进行广泛的交流，根据不同层次学生的知识、能力与素质结构，设计出人才培养方案架构，在全省范围内组织编写具有指导作用的专业技能实训指导书，同时对全省中高职实训教师进行培训，并对各相关专业技能考试进行统一指导，明确教学重点与难点。专业联考委通过组织专家工作组与招生院校进行深入研讨，指导并调整职业院校的课程内容结构，完善教学评价管理机

制，降低中高职课程内容的重复率，提高中高职课程衔接质量，着力构建职业技能教育体系，并将具有针对性、整体性和渗透性的职业素质教育内容贯穿其中。在此基础上由专业联考委建立统考平台，实现技能考试标准化。

考试内容与形式是对口单招考试的指挥棒，影响着职业教育的内容与质量。2008年，江苏省教育厅对对口单招制度进行改革试点后，由16个专业联考委全程参与对口单招技能考试工作，包括制定技能考试标准、专业综合理论大纲、考试的具体组织、专业技能考试实施等项工作，并细化各专业科目的技能考试权重内容，不仅重视专业综合理论知识，还加大了专业技能考试的分量，专业技能考试分值为300分，各专业联考委按照参加考试人数的90%划定专业技能考试成绩合格线。体现了高效选拔高技能人才的原则，这在一定程度上改变了"为考而教"的误区。

表5.2　　　　　　　　各专业大类联考委牵头学校[1]

专业	联考委牵头学校	专业	联考委牵头学校
建筑	江苏建筑职业技术学院	财会	江苏经贸职业技术学院
机械	江苏理工学院（原江苏技术师范学院）	市场营销	无锡商业职业技术学院
机电	南京工业职业技术学院	旅游管理	南京旅游职业学院
电子电工	南京信息职业技术学院	艺术	南京艺术学院
计算机	江苏理工学院（原江苏技术师范学院）	烹饪	扬州大学
化工	南京化工职业技术学院	纺织服装	南通纺织职业技术学院
农业	江苏农林职业技术学院	汽车	无锡职业技术学院
体育	江苏经贸职业技术学院		

[1] 2014年江苏省普通高校对口单独招生工作问题解答 http://www.jseea.cn/contents/channel_6/2013/12/1312131429419.html.

（二）实施专业技能考试的激励政策

专业联考委规定专业技能成绩合格认定：包括专业技能考试成绩合格与参加省级以上技能大赛获奖后专业技能认定成绩合格。根据考生在校期间参加国家及省级教育行政部门组织的专业技能大赛获奖等级，可直接认定该生相应的专业技能成绩。获得省级技能大赛优秀奖考生的专业技能成绩，可认定为参加考试当年本专业全省统一专业技能考试合格分数；获得国家教育行政部门组织的专业技能大赛优秀奖以上考生与省技能大赛三等奖以上考生的专业技能成绩，可认定为参加考试当年本专业全省统一专业技能考试合格分数的120%（超过满分300分，以满分300分计）。同时，鼓励省级以上技能大赛获奖考生参加全省统一组织的专业技能考试，取得专业技能考试成绩，如专业技能考试成绩与获奖认定专业技能成绩不相一致，按其较高分值计算专业技能成绩。

（三）针对对口单招考生，实行灵活的报名与确认机制

江苏省教育厅规定：凡已被高职单招录取的考生，不再参加对口单招录取。凡已被高职单招或对口单招录取的考生，不再参加面向中职学生注册入学录取，不再参加普通高校招生全国统一考试的录取。凡未被对口单招录取的考生均可以参加面向中职学生注册入学录取。从2014年普通高校对口单招和面向中职学生注册入学考生报名信息采集表（见表5.3）可以看出，江苏省针对对口单招考生实行灵活的报名与确认机制。

采集表规定：①同时填报参加专业技能考试、参加文化统考与参加注册入学的考生，视为参加对口单招，如未被录取，继续参加注册入学。②同时填报参加专业技能考试、参加文化统考与不参加注册入学的考生，视为只参加对口单招不参加注册入学。③填报不参加专业技能考试的考生，无论是否填报参加文化统考，均视为只参加注册入学不参加对口单招。报名参加对口单招的考生应参加专业技能考试，仅参加注册入学的考生不参加专业技能考试，专业技能成绩不合格的考生，无论报名时是否填报参加中职注册入学，只要有体检信息均可以申请注册入学。参加对口单招的考生必须参加文化统考取得文化统考成绩，而仅参加注册入学的考生根据中职注册入学意向院校要求来决定是否参加文化统考。

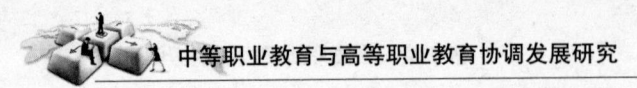

2014年普通高校对口单招和面向中职学生注册入学考生报名信息采集表[①]

_____市_____县（市、区）

考籍号		报名点代码		学校代码	
姓　名		性别	□男　□女	班级代码	
出生日期	年　月　日	民族	□汉族　□其他民族：____	政治面貌	
身份证号码					
科目组	代码	名　称	专业技能方向	代码	名　称
参加专业技能考试	□是　□否	参加文化统考	□是　□否	参加注册入学	□是　□否
毕业学校		考生类别		毕业类别	
户口所在地	____县（市、区）____乡（街道、镇）	移动电话		固定电话	
邮寄详细地址（限20字以内）		邮编		收件人	
本人简历（从最后学历起）	自何年何月	至何年何月	在何校学习	所学专业	任何职务	证明人
有何特长（含标点限30字以内）		职业资格证书	名称		等级	
奖惩情况（含标点限40字以内）						

以　上　由　考　生　填　写　考生签名 _____ 填写日期 _____年___月___日

考生情况	平时成绩（限应届毕业生）	语文	数学	英语	专业理论综合	专业实践综合
	考生评语[由考生所在学校或单位（无工作单位的由乡镇或街道办事处）填写，含标点限50字以内]					

学校或单位(盖章)：
　　　　　　　年　　月　　日

注：1. 市、县（市、区）招办（教育局职教部门）、有关中等职业学校必须按照省教育考试院统一要求，指导考生正确填写《报名信息采集表（草表）》。

2. 考生类别为城镇应届、农村应届、城镇往届、农村往届之一。报名对象为具有本省户籍或取得本省学籍且符合普通高校招生报名基本条件的中等职业学校。

3. 毕业类别为中等专业学校、职业高中、技工学校、其他中等学历教育之一。

---

① 2014 年普通高校对口单招和面向中职学生注册入学考生报名信息采集表
http://www.jseea.cn/contents/channel_6/2013/12/1312131431092.html

第三节 中高职衔接人才培养模式的设计与实施
——以辽宁农业职业技术学院为例

一、实施背景

作为辽宁省2011年教育体制改革重点项目——辽宁现代农业职教集团，于2011年12月23日在辽宁农业职业技术学院正式成立。成立以来，借助职业教育集团化办学这一理想载体，一直致力于中等和高等职业教育协调发展的现代职业教育体系的构建工作。辽宁现代农业职教集团为了总结经验，充分发挥集团优势，引领区域农业职业教育更好地落实优势互补、资源共享、人才共育，不断提高技能型人才培养质量，以求最终形成融教学链、产业链、利益链于一体的集团发展目标，充分发挥高等职业教育在现代职业教育体系建设中的引领作用，有效拉动中等职业学校的招生与人才培养质量的提高，组织召开了"辽宁现代农业职教集团2012年董事长会议暨中高职衔接一体化人才培养方案研讨会"，有高职学校7所，中职学校30所，行业企业协会8家，共110名集团成员单位代表参加了会议。以期全面提高农业职业教育水平，不断增强农业职业院校办学活力、教育吸引力、社会服务能力和综合竞争力，真正实现中高职共同发展。研讨会上举行了辽宁现代农业职教集团网站开通仪式；成立了"种植类专业群建设工作委员会"、"园林类专业群建设工作委员会"和"食品加工类专业群建设工作委员会"等3个工作委员会；并按照畜牧兽医、园林技术、食品加工技术、园艺技术和作物生产技术等5个专业分组研讨了辽宁现代农业职教集团框架下"中高职衔接一体化人才培养方案"；同时解读了"中高职衔接联合办学协议书"框架及相关保障制度建设,相关院校签订了"中高职联合办学协议书"。

二、中高职衔接人才培养模式的设计与实施
——以园林技术专业为例

(一)中高职衔接人才培养模式的设计思路

坚持以学生的可持续发展和综合职业能力培养为主线,遵循职业人才成长规律,系统设计人才培养全过程,构建"五年一体化设计、双阵地培养"的中高职衔接人才培养方案,按不同层次职业能力要求进行知识重构、课程重组,整体设计、统筹安排、分段实施。培养过程充分发挥中职与高职院校的教育资源和办学优势,有效提升职业教育的育人质量,满足园林行业对专业人才的多层次需求。

(二)"五年一体化设计,双线双阵,4-4-1-1"人才培养模式的架构

园林技术专业通过教改实践,构建了中高职衔接人才培养模式,如图5.1所示。"五年一体化设计"是指抛开以往各校各自为政的做法,在辽宁现代职教集团的指导下,依据职业院校学生的人才培养规律与职业成长规律,集中系统地设计人才培养的全过程。"4-4-1-1"是指4个学期在中职学校和相关合作企业学习,以基础知识学习、基本能力培养为核心。4个学期在学生自主选择的高职院校学习,以综合知识学习、综合能力培养为核心;1个学期在以高职院校为主导的紧密合作企业顶岗实训;1个学期在高职院校推荐下,通过"双向选择"到就业岗位就业实习。"双线"分别指以培养操作技能、职业能力为主而设计的项目体系线和以学习专业知识、企业知识为主而设计的知识(课程)体系线。"双阵"指"中职+高职"与"学校+企业"两阵[①]。

[①] 王国东.中高职衔接人才培养模式的设计与实施——以辽宁农业职业技术学院园林技术专业为例[J].职业教育,2013(7)下:60-61.

校内				校内				校外		
4学期			企业	4学期				1学期	1学期	
行动规范培养	专业兴趣开发	职业倾向定位	岗位体验实习	专业典型项目	专业基础项目	专业综合项目	专业创新项目	企业顶岗实训	就业上岗工作	技术技能手
行动规范品德培养	科学引导激发情趣	设定目标循序发展	岗位感知明晰未来	亲做亲为	学习做事全员参与	以赛促练技能联动	突显内涵搭建平台	鼓励创新相对集中	三方管理双向选择 学校推荐	
专业基础知识学习 专业基本能力培养				专业综合知识学习 专业综合能力培养				企业知识学习 岗位能力培养	社会知识学习 社会能力培养	应用本科
4学期				4学期				1学期	1学期	
校内				校内				校外		

图 5.1 "五年一体化设计，双线双阵，4-4-1-1"人才培养模式的架构

（三）模式解读

1. 是对五年一贯制和分段贯通式的继承与发展

五年一贯制模式是指由中等职业学校或高等职业学院直接招收初中毕业生入学，在课程、教学等方面进行统筹安排、整体设计，在校连续学习五年，毕业时取得高等教育专科文凭的中高职衔接模式。根据举办学校层次不同，划分为中职举办和高职举办的五年一贯制模式两种，其共同的缺点是：学习主阵地单一，优势资源、先进理念共享性不足，育人质量难以保证。分段贯通式（通常也叫独立结构模式）是指中等与高等职业教育作为两个相对独立的阶段分别开展教学，学生在完成了中等职业教育学习任务后，经过选拔和认定合格后方可进入高等职业院校继续学习，毕业后获得高等职业教育专科文凭的中高职衔接模式。其突出特点是强调了专业对口衔接，但尚未实现课程层面的衔接，同时也欠缺职业能力成长的系统设计环节。而目前，辽宁农业职业技术学院园林技术专业构建的中高职衔接"五年一体化设计，双线双阵，4-4-1-1"人才培养模式，是在继承与发扬以上两种模式突出优势的基础上，进行了改革与创新，弥补两种模式各自的缺陷与不足。

2. 双线并进，互为促进

如图 5.1 所示，该人才培养模式坚持学生的动手能力培养与学习能力培养并重，精心设计了项目体系和课程体系两条主线，并使其贯穿五个学年十个学期的始终，同时明晰了各个培养阶段的任务目标与实施载体，实现了项目设置、课程设置、载体设计、内容设计、实施方式设置的依次递进。

3. 以学生为本，发展路径多元化

该专业在实施递进式人才培养模式的进程中，以学生为本，充分考虑到学生就业与升学的多元化发展路径，针对不同阶段就业岗位的逻辑起点，为学生设计了不同阶段的成长路径。中职阶段就业岗位逻辑起点为园林行业、企业的技术工人；高职阶段就业岗位逻辑起点为园林行业、企业的技术员或项目经理；应用本科就业岗位逻辑起点为园林行业、企业的技术主管或部门经理。

（四）实施效果

1. 提升了培养质量

以往中高职教育缺乏有效衔接，职业院校各自独立进行人才培养，单独设置课程体系，导致中高职院校出现了课程重复与开设不足的情况，由于培养体系设计不系统导致了人才培养质量不高。园林技术专业通过实施"五年一体化设计，双线双阵，4-4-1-1"人才培养模式，不仅解决了专业人才培养的整体设计问题，还为技能培养的可持续性和知识培养的衔接性提供了新思路与新做法，极大地提升了中高职衔接育人的实效性。

2. 实现了资源共享

在具体实施"五年一体化设计，双线双阵，4-4-1-1"人才培养模式的过程中，集团内部分中职学校因基础条件所限，有些人才培养的环节在本校很难实现，就可以充分利用职教集团的优势，到具备条件的集团内成员单位去完成教学计划。在集团内实现了资源共享，既充分利用了优势资源又有效地培养了专业人才。

3. 推动了职教发展

园林技术专业构建的"五年一体化设计，双线双阵，4-4-1-1"人才培养模式，实现了中高等职业教育的有效衔接，增强了职业院校的办学活力，激发了学生的学习积极性，推动了职业教育的协调发展与可持续发展。

第六章 中高等职业教育协调发展的实施路径

2010年《国家中长期教育改革与发展规划纲要》提出建设现代职业教育体系，是我国职业教育发展的又一个里程碑。而推进中高等职业教育协调发展，是奠定建设现代职业教育体系的基石，中高职协调发展是指中等与高等职业教育在培养目标、专业设置、教育内容、教育体制等方面相互承接、相对分工、不重复浪费资源的一种有机结合状态。可是，现行的中高等职业教育衔接不够、协调不到位，两者仍然停留在学制设计的表面，课程、教学等深层次的衔接和融合还远远没有实现，因此，有必要在职业教育现实运行模式的基础上进行改革与创新，探索出与学习型社会建设、终身教育体系建设以及现代职业教育体系建设相匹配的中高职协调发展的实施路径。

第一节 适应区域产业需求，明晰人才培养目标

围绕区域经济发展的总体规划和产业结构调整对不同层次、类型人才的需求，合理确定中等和高等职业院校的人才培养规格，注重中等和高等职业教育在人才培养目标上的延续与衔接，形成适应区域经济结构布局和产业升级需要，优势互补、分工协作的职业教育格局。

一、培养目标的定位

中高职培养目标的准确定位是中高职协调发展的前提，中高等职业教育都同属于职业教育范畴，培养目标的制定应遵循职业教育的规律特征。应根据职业教育学

生身心特点，把握好职业观、知识结构、创新能力的培养与激发，为其职业生涯奠定良好的基础，同时注重其技能的迁移与适应能力的培养。

（一）培养目标"类"的定位

职业教育与普通教育不同，职业是职业教育的基础，职业教育必须针对职业，面向岗位。职业是规范职业教育人才培养目标的根本，无论是中职毕业生，还是高职毕业生，他们毕业后均要直接面对社会生产一线，直接为社会生产服务，这是职业教育区别于普通教育的"类"特征。职业教育应以职业性为核心，以社会需求为依据，强调职业人才的技术熟练程度、实践能力、适应性与创新能力的培养。

（二）培养目标"层"的衔接

职业教育是培养生产、建设、管理、服务第一线的应用型人才。根据国内外的共识，应用型人才的定位从低到高大概包括技能型、技术型、工程型人才三个层次，依次体现出智力含量逐渐增多、综合应用能力、分析解决问题的能力由弱到强的过程。因此，职业教育人才培养目标的层次性应该是明确的，应该以国家职业标准为依据，科学定位职业岗位，再按照职业岗位层次的维度，搭建一个人才层次的台阶，进而确定中高职培养目标的衔接。如表6.1所示，可以将人才培养目标科学地分解出素质、层次、类型、功能四个衔接维度，以此展开中高职培养目标的衔接，为技能型人才向技术型人才的转化搭建立交桥。

表6.1　　　　　　　中高职培养目标衔接维度分析表

培养目标的衔接	中职教育	高职教育
人才层次	中等水平	高等水平
人才类型	技能型	技术型
人才素质	基础性	高端性
人才功能	适应社会	引领行业

（三）中高职培养目标的定位

2011年后，中职和高职归口教育部职成教司管理，为了探索系统培养技能型人才制度，推进中高职教育协调发展，奠定建设现代职业教育体系的基础，教育部出台了《关于推进中等和高等职业教育协调发展的指导意见》（教职成〔2011〕9号），提出：必须明确中等与高等职业教育定位，在各自层面上办出特色、提高质量，促进学生全面发展。中等职业教育是高中阶段教育的重要组成部分，重点培养技能型人才,发挥基础性作用;高等职业教育是高等教育的重要组成部分,重点培养高端技能型人才,发挥引领作用。综合以上表述,可以看出,中高等职业教育都是培养工作在第一线的应用性技能人才,均强调实践能力的培养,所不同的是培养的层次,文件中"技能型人才"和"高端技能型人才"是对技能层次的划分,中职培养的初、中级技能型人才,培养目标为"技术工人",主要培养面向生产、管理、服务一线的实用型、技能型、操作型的人才;高职培养高素质高端技能型人才,其培养目标为"技术员"、"工艺师"等,主要培养面向社会生产、建设、服务第一线的技术应用型人才和高端技能型人才。高职培养目标的定位表现出高层次性,要比中职教育有更深更广的专业理论知识,更高更新的技术水平,以及广泛的适应性,特别是具备更强的综合素质与创新能力。这种人才培养的目标层次差异,进一步明确了中职和高职人才培养目标的定位,更有利于中高职教育的协调发展,为中职和高职院校办学指明了发展方向。

但是值得注意的是,在实践中,当前我国中职教育的人才培养目标定位是明确的,培养高素质劳动者和技能型人才,而高职专科层次的人才培养目标却呈现出多元化,不同区域、不同专业、不同生源的要求却不一致,导致人才培养目标定位多元化,内容的表述大致包括:培养高素质的技术型人才;培养高素质技术型人才为主,同时培养部分高素质技能型人才;培养高素质技能型人才为主,同时培养部分高素质技术型人才。并将高职本科人才培养目标定位为以培养高素质工程型人才为主,同时培养部分高素质技术型人才。总之,职业院校应以区域经济发展为依据,使中高职教育在培养目标、培养模式上既有其层次上的差别,又能体现其协调发展一致性,以此来满足社会经济发展对不同层次职业教育人才的需求。

二、人才定位与人才管理分类体系的冲突与化解

(一)两者的冲突

就人才类型而言,目前比较一致的看法是人才可分为学术型、工程型、技术型和技能型等四类,其中后三类统称为应用型人才,我国的技术型和技能型人才都是由职业教育来培养。我国中职教育的人才培养目标定位一直比较明确,就是培养高

素质劳动者和技能型人才。而高职教育培养高技能型人才和第一线技术应用型人才的定位与我国当前的人才管理系列相矛盾。从20世纪50年代至今，从国家层面上看，人才管理的系列是非常明确的。技能型人才明确是指工人系列，其等级分为初级工、中级工、高级工、技师、高级技师，从这个意义上讲，高技能型人才，应该是指高级工、技师与高级技师；而技术型人才的等级分为见习技术员、技术员、助理工程师、工程师、高级工程师、正高级工程师。高职培养的生产一线的技术应用型人才，应该包括见习技术员或技术员岗位。在20世纪50年代的计划经济体制下，我国国有企业中的干部和工人身份有别，对技术工人的考核标准依据的是分行业、分职业、分工种制定的"工人技术等级标准"。随着改革开放的推进，1994年《劳动法》颁布后，在法律上企业中的干部和工人身份已不复存在，一律将劳动部门新制定和修订的职业标准称之为"国家职业标准"，但是"工人技术等级标准"却仍然沿用。因此，就目前各类高职院校而言，其所培养的人才即可以是技术工人，也可是企业生产一线的技术与管理人才，而高技能型人才对应的是工种，如电焊工等，同时技术应用型人才对应的是专业岗位或岗位群，如现场的质检员、造价员等。因此，目前高职人才培养目标定位常常与实际的专业设置、教育标准、培养方案相矛盾。高职教育培养的"技术型人才"或"技能型人才"涵盖范围与现行人才管理分类体系出现了说做不一致的冲突，这在教育界和学术界引起了较大争议。

（二）冲突的化解

在实践中，"技术型人才"或"技能型人才"常常在任务上互通，技术型人才可以从事一线实践操作，技能型人才可以参与一定的技术设计与研发，两者的区分主要看劳动中的智力成分含量，前者偏重掌握理论技术与创造技能；后者偏重掌握经验技术与动作技能。两者的工作往往很难截然区分，在某些领域，两者甚至融为一体，有专家指出："高技能型人才"也包括了技术应用的部分，有些以前属于技能的工种，现在也包括了相当的技术含量，如数控机床的操作工；并且由于科技的高度发展，有些操作性技能型岗位，如飞行员、柔性加工中心操作员等已由技术型人才担任。

经过多年的实践，多数教育工作者和研究人员认为：高职教育专科层次的人才培养目标应该是多元化的，属于在技术型与技能型之间的跨界人才。高职教育应根据不同区域、不同专业、不同生源结构来定位人才培养目标，可以是培养高素质的技术型人才；也可以培养高素质技术型人才为主，同时培养部分高素质技能型人才；还可以培养高素质技能型人才为主，同时培养部分高素质技术型人才[①]。总之，高职教育培养的人才主体部分应集中于技术型人才，同时又向上延伸，向下开拓，既培养一部分职业资格特征显著的工程型人才，又培养一部分高技术设备的操作者[②]。

三、中高职人才培育目标的衔接

中高等职业教育内涵衔接的基础是人才培养目标的衔接。人才培养目标是教育教学活动的指南，中高等职业教育应在对口衔接的专业（或专业方向）上，共同制定并分别确定各自的人才培养规格与任务，保证相互之间的顺承关系和可衔接性，然后根据各自的人才培养目标确定不同的教育教学目标，并据此安排和组织各自的教学内容，实现人才培养目标的有效衔接。

（一）人才培养目标衔接原则

1. 注重差异性

当前中高职培养目标往往忽视了中等和高等职业教育之间的差异性，两者在专业技能方面存在着重复、甚至倒挂现象，这与实现中高职协调发展，构建现代职业教育体系的要求相背离，因此，正视二者在专业能力、方法能力、社会能力等能力培养上的差异，是中高职人才培养目标有效衔接的关键所在。中等职业教育应充分体现"双目标性"，即完成中等职业教育"就业"与"升学"任务，而高等职业教育应该坚持以中等职业教育为基础，依据中职学生的文化与专业技能功底，切实可行地在原有基础上提高学生的专业理论、专业技术和实践技能水平。

2. 体现层次性

中高等职业教育虽然均是面向生产、管理及服务第一线的，但是"中等"与"高等"本身就体现了层次性，注重层次性是对二者进行合理定位的前提与基础，要从系统论观点出发，把中高职教育放在整个大职业教育体系中，进行科学统筹与合理规划，中职教育要重视基础与应用，高职教育要重视实践与创新。因此，在培养目

---

① 丁金昌. 我国中等和高等职业教育协调发展的探索[J]. 中国高教研究, 2012（2）:87.
② 葛锁网. 高等职业教育人才培育模式研究[M]. 北京：研究出版社, 2004：56.

标中两者的专业能力目标的层次性尤其要得到一定程度的体现。

3. 注重衔接性

职业教育是一个相互联系、相互沟通的一个有机整体。但是，目前我国中等和高等职业教育各自为政，在培养目标定位上缺少联系与依存，造成中职学生升入高职时，在不同能力衔接方面出现断档问题，这与加强技能人才系统培养的要求相背离。中高职能否协调发展，衔接点即着力点是关键。因此，对中高职人才培养目标进行优化并分段实施，这是中高职协调发展的基础。

4. 体现有序性

中等和高等职业教育分别是职业教育系统中的两个子系统，系统内部要遵循一个由低级到高级的发展过程，随着经济的转型与产业的升级，实现职业教育中心的高移化就是中高职协调发展要遵循的有序性原则，这也将成为中高职协调发展的关注点。

（二）从职业能力分析入手，找准衔接点

中高职协调发展的衔接点是统筹设定二者培养目标的关键。中等职业教育与高等职业教育同属于职业教育的类型与范畴，共同具有职业教育的本质特点，共同遵循职业教育的内在规律，两者的人才培养目标均具有"职业性"，即培养学生的职业能力。但是，职业能力却存在高低之分，做好职业能力的层次分析就能找到中高职培养目标的衔接点。

职业能力的层次分析的关键是做好市场调研，通过对行业企业进行市场调研，了解中高职同类专业所对应的不同岗位群，明确这些岗位群对学生的知识、能力及素质要求的不同，然后由行业企业专家和职业教育专家共同研究并界定不同岗位工作所对应的知识、能力及素质要求，并将这些能力进行分解、整合及排序，制定出综合职业能力分析表，然后结合每个岗位所对应的不同等级的职业资格证书，来划分中高职人才培养目标的层次，从而实现能力级别培养的阶段化、连续化，达到职业能力级别与职业资格证书等级的科学衔接。然后依据能力层次分析的结果配套相应的课程，并根据学生的认知水平和规律进行排序，在排序的基础上再重新对中职与高职人才培养方案进行系统的规划。

（三）系统定位、一体化设计、分段实施

中高职协调发展还表现在中高等职业教育要有效衔接且形成合力，并与区域经济发展实现良性互动。因此，中高等职业院校应从区域经济发展的实际需求出发，组成由中职教育者、高职教育者、企业专家、行业人员参加的专业建设指导委员会，在对整个职业教育的培养目标进行宏观系统定位的前提下，根据各阶段职业教育学生的特点及在整个职业教育体系中的地位，充分发挥中职教育基础性作用和高职教育引领作用，从应用性、职业性、技术性等共性出发，兼顾各自的层次性与延续性，进行一体化设计并分段实施各自的培养目标。

（四）人才培养目标的衔接案例

下面是某职业院校市场营销专业中高职人才培养目标的衔接情况，如表6.2所示。

表6.2　　　　　"3+2"中高等职业教育人才培养目标衔接内容

阶段内容	"3"中职阶段	"2"高职阶段
人才培养目标	培养具有良好的职业道德和行业规范，掌握必需的文化基础知识和本专业必要的基本知识，具备较熟练的推销、收银等营销基本技能，面向各类商业企业，从事大类商品销售工作的初中级应用型专业人员和高素质劳动者。具备升入高等职业学院对口专业继续学习的能力，为营销领域进一步发展奠定基础	培养适应社会与经济发展需要、德智体全面发展，掌握营销基本知识和基本技能，熟悉市场调研、营销策划、产品推广和客户服务业务，具备"有爱心、讲诚信、负责任、能财会商"职业素养和较强营销实践能力，适合在各类工商企业从事管理、营销、策划、市场开发等工作的高技能应用型人才
职业岗位群	营销员、推销员、业务员	营销经理助理、高级营销员、市场调查员、公关员、区域销售代表、营销策划文员、客户服务助理、行政管理助理

续表

专业能力	市场调查能力、商品推销能力、商品导购能力、网络交易能力	市场调研能力、营销策划与推销商品能力、客户开发与管理能力、营业现场设计能力、自我推销能力
职业资格证书	初级推销员证书、收银员证书、中级营业员证书	市场营销经理助理资格证书、高级营销员

综上所述，在制定"3+2"人才培养方案之前，合作院校要把"3"和"2"阶段的教学计划在人才培养目标、职业岗位群、专业能力、职业资格证书等方面进行比较分析与界定，明确人才培养目标衔接的界限与空间，为下一步课程设置衔接奠定基础。

第二节　紧贴产业转型升级，优化专业结构布局

根据经济社会发展实际需要和不同职业对技能型人才成长的特定要求，研究确定中等和高等职业教育接续专业，修订中等和高等职业教育专业目录，做好专业设置的衔接，并根据区域经济产业结构的发展需求，优化专业结构布局。

一、中高职专业设置与管理

中高等职业教育的内涵衔接必须建立在专业对口衔接的基础上，这决定了中高职培养目标及课程衔接是否顺利实现。

（一）统一管理与分层实施

我国由教育部对职业教育专业进行了统一、规范与科学的管理，分别制定了中等与高等职业教育专业目录，并且采用了灵活的分级管理体制。省级及地方教育行政部门有权根据地方经济建设和社会需求灵活地设置目录外专业。但是，目前我国中高职专业建设与管理还存在尚需完善的地方，如审核机制不健全、专业建设滞后、专业类别模糊等。因此，需要建立中央、省（市）、学校三级的专业设置与管理专门机构，建立以教育为基础，行业为指导，教育、劳动、行业三结合的专业审核常设机构，并建立中央、省（市）、学校三级分权、分工负责的专业设置与管理工作责任机制，明确相关机构的职责。教育部牵头组织行业、劳动部门成立专业指导委员会，负责全国专业划分与专业规范建设，制定专业设置管理方面的方针与政策，进行宏观指导；省级教育行政部门要牵头组织本地区的行业、企业、学校组建专业指导委员会，按照国家颁布的专业指导目录和专业划分原则，根据本辖区经济结构、

教育结构以及专业结构和布局，负责审核学校新专业设置，并且根据国家专业目录，补充与完善适合本地区社会经济发展的专业规范；职业院校应联合行业、企业成立校级专业建设指导委员会，负责专业建设的具体实施或根据市场需要申报开发新的专业。

（二）专业设置方法

专业是职业教育发展的载体，专业设置是基础环节，中高等职业教育协调发展首先要规范专业设置。职业教育的专业设置一般有三种方法：职业分析法、课程分析法和培训分析法；并依据四个原则：注重区域性与开放性统一、稳定性与灵活性统一、适应性与前瞻性统一、必要性与可行性统一的原则。国际上通行的专业划分与设置大多依据本国的职业分类，采用职业分析方法来制定专业目录或专业标准，一般一个专业要覆盖若干个职业岗位。在具体实施中教育行政部门应根据国家（区域）社会经济发展和劳动力市场的需求为导向，以职业岗位（群）或技术领域为基础，以能力本位为核心，对中高职先行专业目录进行修订与完善，并且在此基础上依据专业的相关性和职业技能的兼容性，确定中高职接续专业目录。首先根据教育部2010年新出台的专业目录设置中等职业教育的专业，然后对应中等职业教育的专业大类来设置高等职业教育专业，高职的专业设置是中职专业设置的纵向延伸和横向拓宽。高职专业设置面的宽窄直接影响着中高职衔接通道的宽窄，因此，高职专业设置"宜粗不宜细"，中高等职业教育专业设置既要相互对应，又应具有相对的独立性，从而体现所培养人才的不同能力层次与规格。

具体地说，职业教育的专业设置应由教育行政部门召集学校、行业和企业专家共同参与，按照科学、规范的原则共同研究设置专业，使各专业的内涵与外延界定清晰，专业口径宽窄适度，然后在此基础上，根据区域经济社会对不同专业技能型人才需求的层次以及该专业技能型人才成长的规律，确定该专业是适合于中职后就业，还是中高职衔接培养，若适合升学，应在此基础上设置相应的高职专业。如对于简单加工制造业、低端服务业、传统农业等技术含量较低的专业，可不用设置与之相衔接的高职专业；对于技术含量高、对人才综合职业能力要求较高的专业，应相应地设置与之相衔接的高职专业，为合格的高技能人才的成长提供上升通道。

（三）专业设置内容

教育部高教司编制的《中国普通高等学校高职高专专业概览》对专业设置的基本内容进行了详细描述，主要包括：专业名称、专业代码、学制、专业培养目标、专业核心能力、专业课程与主要实践环节、可设置的专业方向、就业面以及其他说明。这些内容是经过教育部组织的教育专家、行业企业专家经反复论证编写的，具有很高的专业学术水准，是指导我国专业设置的纲领性文件，也是省级教育行政部门、职业院校专业建设的重要依据。

二、优化专业结构

（一）专业选择

中高等职业教育衔接的逻辑起点是市场需求，专业有效衔接起关键作用，专业选择是打通学生上升渠道的基础，更是职业教育对产业发展的呼应。实际上，中高职衔接培养对专业选择有其特定的市场要求，中高职衔接专业必须具有社会需求量较大、岗位技术含量较高、熟练程度要求较高、专业技能训练周期较长且相对稳定的特点。因此，专业选择应以市场需求为导向，在广泛市场调研的基础上，详细研究区域行业企业的发展对人才素质的要求，并主动适应地方产业结构的调整与升级。

（二）结构优化

中高等职业教育有效衔接既要考虑学生与社会的实际需求，又要从大局入手，统筹安排专业设置，使其具备导向性与相对稳定性，因此，有必要通过严格的设置标准和评估标准加大对学校专业设置的严格管理。地方教育行政部门牵头组织本地区的行业、企业、学校，根据区域经济产业结构的发展需求，紧贴产业转型升级，进行统一规划，统一布局，不断优化中高职衔接的专业结构，拓宽衔接专业的覆盖面，从而提高区域内职业教育资源的整体利用效率；其次，所设置的衔接专业要与时俱进，与地方经济需求相结合，及时将与经济发展需求相适应的、需求量较大、岗位技术含量较高专业设置为衔接专业，不断优化结构。

第三节 深化专业教学改革，创新课程体系和教材

我国中职和高职由于同样面临着职业素质和职业能力零基础的学生，不可避免地存在课程内容的同质化与培养过程的同程化，也就必然会出现培养目标与规格的重叠问题。为了解决这一问题，为区域经济发展培养职业岗位链上需要的各种类型、各个层次的技术技能型人才，初中后五年制和主要招收中等职业教育毕业生的高等职业教育专业，应该围绕中等和高等职业教育接续专业的人才培养目标，系统设计、统筹规划课程开发与教材建设，明确各自的教学重点，调整课程结构与内容，推进专业课程体系与教材的有机衔接。

一、构建以岗位能力为核心的中高职课程衔接体系

（一）中职与高职课程设置特点

中职与高职的区别体现在就业岗位上。中职教育以培养技能型的操作工为主，侧重于学生的实际操作技能，所培养的技能具有从事特定职业所必需的基础性与单一性特点。所以中职教育的课程设置是以就业为导向，注重基础知识的学习与实际应用，并不刻意追求知识的系统性、结构性以及专业的体系性。高职教育以培养岗位适合性强的技术性岗位为主，课程设置是以就业为导向，注重在中职操作技能培

---

①中国普通高等学校高职高专专业概览［M］.北京：中央广播电视大学出版社，2005.

养的基础上，让学生进一步掌握体现专业的技术属性，包括方法、工艺、知识、装备等要素的一个相对完整的操作体系，其中既注重实际操作，又有设计、管理等综合性的要求，鼓励学生在实践基础上有进一步的创新，能够在真实或模拟的工作场景中发挥主观能动性与实践性。所以，高职课程相比中职更重视专业体系与知识结构，更加关注学生的专业素养，要求学生不仅会"应用"，而且做到"知其然"且"知其所以然"。

（二）中高职衔接课程设置的出发点

职业教育应以职业岗位能力为核心，按照行业岗位需要的能力来设置课程，所以各层次的职业教育首先要分析产业中各就业岗位的差异性，找出适合各层次职业教育的就业岗位，称之为核心岗位，并以职业能力为出发点，融入所需的知识、能力、素质要求，构建体现职业关键能力、专业基础能力、职业通用能力、职业核心能力的课程模块，明确各模块对应的能力培养目标与要求，搭建专业课程体系框架，每一核心岗位至少需要4-6门课程去支撑，并使课程体系框架基本能满足实现人才培养目标的需要。

中高职衔接课程设置的出发点主要目的有两个：一是巩固、提升中职对口升学学生的基本素质，加强社会能力、方法能力的培养，通过具有高等教育性质的专业性课程、拓展性课程开设，开拓学生的思维空间、扩大学生的知识面，提高学生分析问题、解决问题的能力，将其培养成为综合素质更高、社会适应能力更强的职业人；二是增强操作技能，并按照高职培养目标，加强职业综合能力培养，突出综合知识学习、综合技能培养，培养其在"应知"基础上"应会"的智能性行为，促其具有较高的专业技术与实践技能水平，并具有一定的创新精神。

（三）中高职课程体系的设计与衔接（以"3＋2"中高职衔接模式为例）

中高等职业教育内涵衔接的核心是课程体系的衔接，做到二者课程既相对独立、相互承接、相互分工又不重复浪费的一种有机结合的状态。因此，实现中高职内涵衔接的首要任务是重构课程体系，标准化专业课程，按照职业能力要求进行课程重组、整体设计、统筹安排、分阶段实施，充分发挥中高职的教学资源与办学优势；在技能训练方面，体现中职与高职承接与延续的关系，中职侧重职业基本技能训练以及基本操作规范与方法的培养，高职则注重综合职业能力的训练以及解决复杂问题的能力；同时还要设计好中高职衔接中教学实习和顶岗实习的时间安排，如中职阶段既保证就业学生能够掌握就业所必要的实践技能，也要保证升学学生各个实习环节设计的合理性。

1. 课程体系设计的原则

（1）整体设计，分段实施

为保证衔接的有效进行，对接的中职与高职院校应在各自培养目标与培养规格的基础上，共同对教学计划进行整体设计，按照"3 + 2"分两个阶段实施，将五年的课程设置、课程内容、教学时数、课程学分、实践教学及其他活动等进行统一安排，既要保证各阶段培养目标的实现，又要体现两者的衔接与分工。

（2）以阶段性培养目标为依据

中职的课程设置应充分体现"双目标性"，既要为学生的就业打下扎实的职业能力基础，又要为学生升学奠定继续学习的基础。高职的课程设置应坚持以中职课程为基础，依据中职学生的文化知识、专业能力功底，在原有基础上切实提高学生的专业理论、专业技术与实践技能水平，实现高职阶段的培养目标。

（3）与企业岗位能力要求相结合

中高等职业教育虽然学历层次不同，但归属同一类型教育。职业教育的课程设置与课程内容的设计均应在充分的市场调研基础上，根据学生未来工作岗位的典型职业活动，以职业活动为导向，以综合职业能力为核心，与职业资格标准相融合，构建中高等职业教育衔接的课程体系。

2. 课程体系设计的步骤

要做好课程体系的有效衔接，必须根据培养目标的要求，对中高等职业教育课程结构及课程内容进行重组，界定好彼此应完成的课程内容，并且保证课程内容不重复、不交叉、不断档、不遗漏，前后有序衔接，并统筹考虑学生的认知发展规律和现有的学习基础，在中职与高职课程的教学理念上有所侧重。

（1）衔接课程结构的设计

聘请中高等职业院校的专业教师和行业企业技术人才全程参与中高职衔接的专业人才培养方案的制订，共同探讨企业和就业岗位对专业人才的需求，以及在中、高职两个阶段各自应具备知识、能力与素质结构，以此来构建以岗位、职业能力为核心"两类三块"课程体系，两类为必修课和选修课，三块为公共课、专业课（包括专业基础课、专业核心课程、专业拓展课程）、毕业实习；在横向上，课程体系宜采用模块化结构以适应职业调整与岗位任务的变化，将有关知识、能力、素质按

其内在逻辑联系，编成相对独立的、便于进行各种组合的单元，形成灵活性大、针对性强的课程模式，例如构建由动态的文化课模块、专业通修课模块、专业课模块、选修课模块、实训课模块组成的课程结构，既保持课程体系的相对完整与稳定，又能灵活实现教学内容的更新，同时要注意体现较宽的专业面，尽可能及时反映科学技术的最新发展，以保持教学与社会发展变化基本同步，较大可能地适应就业需要。

（2）衔接课程内容的设计

中高职合作制定相互衔接的统一课程标准，确定科学合理的教学顺序和实施路线，既要避免中高职课程内容的重复，又要体现内容系统性与递进性，真正实现课程内容衔接的连续性、逻辑性和整合性，并以职业资格认证的延续晋升作为课程衔接的引导，推进中高职"双证书"一体化教学，确保毕业生取得职业资格证书。中高等职业教育衔接课程内容的设计重点体现在专业课上，其中专业核心课程是难点。对于同一大类专业，中高职院校应合作制定出能充分反映行业不同层级需求的课程内容与能力考核内容，分别在中高职教育阶段加以实施与考核。

专业基础课程设计上，应着力促进职业教育学生基本理论素养的提升，并为职业技能的可持续发展和终身发展打下基础，注意中高职不同层次知识点的有机融合。中职阶段进行基本知识和技能培训的基础上，注重基础素质教育，高职阶段注重学生知识、技能和职业素养全面培养，提高学生可持续发展能力。

专业核心课程的设计上，应以学生不同层次核心技能的培养为主线，保证不同层次人才培养规格标准的实现，应覆盖该专业就业岗位（群）所有典型工作任务，统筹专业课和专业基础课的结合，注重提升学生专业技能与技术应用能力，并确保职业资格证书的有效衔接。中职阶段专业核心课程应以中职培养目标所对应的职业岗位群要求的职业能力要求为准则，注重专业知识学习和技能操作训练，同时重视职业规范和职业意识的养成，在完成典型职业活动过程中，培养学生的综合素质与职业能力；高职阶段专业核心课程应当以高职培养目标所对应的职业岗位群的职业能力要求为基础，适当考虑职业岗位拓展与跨专业学习的需求，在立足"点"的同时兼顾到"面"。在专业能力方面要侧重岗位技术领域发现与解决问题能力的培养，同时注意方法能力和社会能力的培养。中高职专业核心课程的纵向衔接标准可参照国家职业标准和职业技能鉴定规范的考核要求来确定。

专业拓展课程由学校重点以专业特色、用人需求和职业人的成长发展需求为依据来推进建设，强化职业学生综合职业素质提升，强化其社会适应能力以及创新能力的培养，课时数一般不超过总课时数的15%。

二、制定多元参与的课程开发制度

保证职业教育课程既体现职业性又体现教育性，必须有多方机构与人员参与职业教育课程开发过程。中高等职业教育课程衔接模式的设计与开发，应由企业代表、职业教育学者和课程专家共同参与实施，缺一不可。只有这样，才能保证职业教育课程模式具有针对性与实践性、整体性与系统性、连贯性与层次性、稳定性与灵活性。政府部门要考虑国家的意志；行业企业人员了解行业内企业及企业内部的职业要求，能够根据行业和市场的变化，随着技术变革的深入，为中高职的专业课程设置提供有针对性的、有价值的建议；职业教育研究者能够紧贴"职业性"的特征，从理论层面分析总结职业课程设计要素，在课程设置中凸显其职业特征，在研究者的参与下，课程中的专业理论知识会层次分明，体现知识的整体性与系统性；职业教育教学机构要考虑学生与地方经济发展需求。总之，中高职课程专家应合作制定衔接统一的课程标准，确定科学合理的教学顺序与实施路线，既要避免中、高职课程内容的重复，又要体现内容连贯性与层次性，只有从多个视角综合考虑职业教育课程需要满足的多方面需求，才能使中高职课程体系的衔接真正实现稳定性与灵活性，这是促进中高职协调发展的根基。一般来说，中职专业课程设置可采用"宽基础、活模块"方式，可使学生掌握一技之长，又可适应高职招生对学生全面文化素质与基本技能的要求。高职教育还应兼顾不同生源，多元化开发专业课程。

三、教材资源的有机衔接

中国大百科全书将教材解读为"根据一定学科的任务，编选和组织具有一定范围和深度的知识和技能的体系。"职业教育教材是根据专业教学标准，贯彻教学基本要求、教学大纲、课程标准而编写的，是学生上课和复习的参考材料，除思政类课程之外，一般不具有强制性。但是在不具备自行编写教材条件的学校，可采用经过教育部审定的国家规划教材，以保证教学的质量规格。

（一）规范教材的编写与选用

在具体实施中，实现中高职课程的有效衔接必须依赖教材的合理衔接，而中高职贯通的专业课程教材还比较缺乏。在中高等职业教育衔接培养过程中，需要根据每门课程的知识框架重组课程体系，实现教学内容衔接，并将新知识、新技术编入教材。因此，必须组织专家学者、中高职专业骨干教师和行业专家共同参与中高职衔接教材的统一编写。在教材编写时，不仅要考虑到不同层次学生的知识结构、实践水平等因素，还要体现中高职教学内容的衔接与递进，避免中高职课程内容的重复。例如专业课教材要充分依据专业课程内容，设计许多不同的教学单元，明确哪些知识是中职需要使用的，哪些知识是高职必须具有的，层级分明，避免重复，注重学生的基础理论教学的同时，按照专业技术能力逐渐提高，专业知识面逐渐拓宽的思路，使其逐步实现从初级到中级乃至高级顺序渐进。公共课的教材更需要各地按照课程标准严格统筹，避免在中职教材中没有涉及的，却在高职的招生考试科目与考试内容中出现，或者两者教材的差别太大。教材同时还需要管理部门进行统筹编审管理，加强中高职教材的设计、统编及选用，提高教材的开发质量和开发效率。总之，选用合理的理论和实践比例合适的衔接教材，可减少中高职课程衔接中的资源浪费，有效促进中高职衔接教育的发展。

（二）编写教材的指导方针

1. 教学思想体现"宽"字。一般来讲，专业基础课程，是平台课程，不求其高，但求其宽。"宽"不仅可以满足学生的求知欲，还有利于教材的综合和模块设计。

2. 教学目标控制"适"字。通常是讲深容易讲浅难，写深容易写浅难，这个度很难把握，教师应根据学生实际，结合自身积累的教学经验处理好"适"字。操作时做到：越是面向较大范围的教材，就应该越浅；发达地区的教材版本可能比全国版本更深一些等事项。

3. 教学要求注重"用"字。编写教材要尽力做到前后呼应，左右照应，上下响应；重视知识与技能的应用，不求写出多少知识点，而在于能够运用多少知识点。

4. 教学重心放在"能"字。培养学生的实际工作能力是教材编写的重心，要通过内容、形式、步骤等多维度立体交叉进行持续培养。

5. 教学内容反映"新"字。这个"新"不是前沿，而是将已经成熟的新知识、新技术、新工艺、新设备、新材料、新产品都要及时引入教材，并及时采用新的国家实施标准。

6. 教学实施适应"活"字。教材的编写要为教学的灵活性预留接口。如对课外活动的安排，小制作、小实验、小论文、小发明的布置应该有明显的活动信号和接口，让师生明确这是不可或缺的组成部分。

（三）编写教材的技术尺度

1. 文字洗练且又叙述清楚。处理好字数与内容的关系。文字多不一定讲清楚，文字少也可能说明白。

2. 图表恰当且又辅佐正文。图表占用篇幅，要起到会聚重点、表达方法的作用，事半功倍。

3. 框架清晰且又内涵丰富。处理好"骨架"与"血肉"的关系。

4. 突出核心且又适当拓展。处理好重点与一般的关系。教材核心内容要不惜笔墨，拓展内容要惜墨。

5. 便于理解且又表达科学。处理好术语与俗语的关系。"通"不一定非得"俗"，术语要强化，俗语要弱化。职业教育与职业培训不同，其中术语的正确运用是区分标志之一。

6. 既见树木且又见森林。处理协调好局部与整体的关系。

7. 学习借鉴而又尊重产权。一定要有自己的原创或经验积累，并要尊重他人的知识产权。

第四节　强化学生素质培养，改进教育教学过程

职业院校教学应改革以学校和课堂为中心的传统教学方式，重视实践教学、项目教学和团队学习；开设丰富多彩的课程，提高学生学习的积极性和主动性；研究借鉴优秀企业文化，培育具有职业特点的校园文化；强化学生诚实守信、爱岗敬业的职业素质教育，加强学生就业创业能力和创新意识培养，促进职业教育学生人人成才。

一、实施教学做一体化的情境教学模式

强调"工学结合"的教学过程和教学方法，面向社会，面向市场，使教学更具有开放性、实践性和职业性，结合学习领域、工作领域的知识与技能的需要，将岗前培养、岗上训练、岗后服务有机地结合起来，将技术教育与人文社会教育有机地结合起来，将理论教学与实践教学有机地结合起来，建立完整的职业能力训练体系，积极探索"做中教、做中学"的理论与实践一体化教学。以职业岗位真实工作环境为标准，以理实一体化为核心，以职业情境为载体，建立基于职业活动为导向的"教学做合一"教学模式。

（一）在组织策略上，以培养职业能力和职业素质为目标

职业教育必须将职业情境与学习情境融为一体，着力探索"教学做合一"的情境教学模式。要加强在组织策略上的变革，例如，开发虚拟工厂、虚拟车间、虚拟工艺、虚拟实验，或是积极进行校内生产性实训基地建设，加强校外顶岗实习力度等。

（二）在教学策略上，进行多元化突破

在教学方式上，职业教育要突破过去理论课的单向灌输式的教学方式，积极采用多向的交互式、研讨式的教学方式；突破过去实践课教学中的单一解说式、参观体验式的教学方式，积极采用多种与提高实践能力有关的教学方式方法，包括现场教学、任务驱动教学、案例教学、模拟教学、诊断式教学、操作指导式教学、演练式教学、项目教学法、任务驱动教学法等，以学生为主体，充分发挥学生的积极性和主动性；在教学手段上，积极开展计算机辅助教学、网络实训教学、模拟环境教学、情景再现教学等，达到实践教学内涵深层化、内容特色化、过程个性化和体系规范化；在教学考核上，突出对实习实训等实践教学环节的训练与考核力度，将企业的技术要求、质量标准、操作规范等引入教学，结合教学内容严格规范学生的职业行为，进行职业素质训导。

总之，在职业教育教学中，除了要传授给学生专业知识与专业技能外，更应注重培养学生敬业乐业、刻苦耐劳、执着追求、一丝不苟、讲究效率与效益、准确守时、恪守信用、遵纪守法、团结协作等职业道德与高尚人格，树立竞争、质量与诚信意识，切实提高教学质量，实现高素质技能型人才培养目标。

二、实施校企合作生产型、共享型实习实训基地建设模式

实训基地建设是技能型人才培养的基础，职业技能的形成首先需要仿真或模拟真实的工作环境。在深入研究教育规律和市场规则的基础上，本着建设主体多元化的原则，进行校企合作生产型、共享型实习实训基地建设。可以采用独资、合资、引进项目、兴办实体、前店后厂、校企一体等方式建设集教学、生产、科研、实习实训于一体的实训基地群，以实现校企优质资源共享。

校内实践教学基地建设应遵循"生产性"的原则，为学生在校内仿照企业的设计流程和生产流程，创造真实的工作环境，如仿真、模拟、生产工艺型等，使学生将"学"与"工"有机结合，在校学习期间就能零距离感受企业的工作氛围。在校企合作建设校内外实习实训基地时，应坚持共建、共享、共赢的原则，提高企业接

受学生专业实习实训和顶岗实习的能力,形成实习就业一体化机制。教师与企业技术人员共同参与实习指导与管理,根据企业的生产进程弹性调整实习教学方案,使实践教学能更好地服从生产进程,实现工学深度融合。此外,地方行政部门可配套组建专家指导委员会,建立相应的协调机构,解决职业教育实践教学条件共享、实践教学共同管理、实践教学师资共用等问题。

三、构建工学结合模块化课程体系与教学方案

各衔接专业要深入开展企业职业岗位(群)调研,依据专业职业岗位需求,通过对工作过程系统化的研究分析,提炼出履行职业岗位(群)职责,以及完成工作任务必备的知识、能力、素质要素,按照工作过程系统内部的逻辑关系以及不同层次学生职业素质的培养要求,结合其职业生涯的可持续发展,通过解构重组将其转换为对应于职业岗位工作过程的,并能适应职业调整与岗位任务变化的系统化模块式课程体系,形成相对独立的、便于进行各种组合的单元,构建灵活性大、针对性强的课程模式,如文化课模块、专业通修课模块、专业课模块、选修课模块、实训课程模块,既能保持课程体系的相对完整与稳定,又能灵活实现教学内容的更新。同时注意体现较宽的专业面,尽可能及时反映科学技术的最新发展,以保持教学与社会发展变化基本同步,较大限度适应学生就业的需要。

四、推进校企文化对接,强化学生职业素质教育

实施校企文化共建工程,将产业文化融入校园文化,发挥行业、企业文化和校园文化在育人中的重要作用。校企共建教学楼、图书馆、实验室,实现资源共享;企业可以冠名校园的道路广场,参与、赞助校园文体活动;成立校友联谊会,建立网站,搭建校友联谊平台;学校定期举办企业家讲座、论坛、恳谈会、联欢会等;定期举行技能大赛、创业设计大赛,并为企业员工进行技能培训等。总之,通过校企合作在物质形态与制度形态上进行文化共建,形成独具特色的职业院校校园文化,在促进教育教学改革,激发学生学习动力、培养学生职业素质与创业精神方面发挥

其重要作用。

五、中高职院校教学组织的配置

（一）组建专业建设指导委员会

中高职院校与行业、企业、研究机构广泛合作，建立专业建设指导委员会，推进中高职衔接专业与课程的改革与发展；聘请行业专家和企业高级工程技术人员担任专业建设指导委员会成员，他们可以以客座教授角色，对现场技术、技能水平要求较高和理论水平较深的课程内容，进行讲学或现场解答，以提高教师的学术水平和实践能力。

（二）共同组建教学团队

在中高职各自的人才培养目标确定以后，高质量地实施课程教学，使教学体系一体化，高职院校应发挥其引领作用，按照衔接专业的类别，牵头并组织中职教师共同组建教学团队，制定出切实可行的中高职衔接的职教师资建设规划，协同开展专业设置、课程设计及其相关的专业基本建设；系统地培训相应的专业课程教师；研究中职和高职教材与内容的衔接；联合开展企业技术应用、新产品开发等服务活动。

（三）加强中高职教学过程的交流与沟通

每学期中高职院校至少联合举行一次各对口专业关于课程衔接的教研活动，以课程衔接为核心议题，研讨计划、规划教材、听课评课。同时科学分析中高职学生基础能力的差异，灵活调整专业课程的教学内容，依据学生的接受能力，设计不同需求的教学活动，鼓励教师积极采取"因材施教"的教学内容与教学方式。并按照高职教育的标准要求，为中职学生安排专门的培训，培养其职业素养，减少中高职过渡过程中的阻力与问题。

第五节　改造提升传统教学，加快信息技术应用

教育信息化对于实现优质教育资源共享、促进教育公平、提高教育质量以及建设学习型社会具有非常重要的作用，它已成为衡量一个国家和地区教育发展水平的重要标志。职业院校应深刻认识教育信息化的重要性，增强责任感和紧迫感，扎实有效地推进职业教育信息化建设工作，推动信息化与职业教育的深度融合，大力开发数字化专业教学资源，建立学生自主学习管理平台，提升学校管理工作的信息化水平，促进优质教学资源共享，拓展学生学习空间，着力提升技术技能型人才的培养水平。

一、大力开发数字化教学资源，建立学生自主学习管理平台

职业院校要结合自身优势，通过多方深入合作，重点建设包括网络课程、工作过程模拟软件、虚拟仿真实训平台、通用主题素材库、名师公开课视频、资源共享课、微课程等多种形式的数字化资源。积极探索企业素材提供、政府主导投入、学校主体建设的资源开发新机制，努力形成"政校企行"互利共赢的新格局。以方便教师从数字化教学资源库中查找参考资料，搜索与教学内容相关的各种素材资源，也方便学生通过互联网随时随地学习查阅教学资源，促进其对知识、技能的自主学习与终身学习。

（一）全面推进数字化教学资源的引进和开发

职业院校应不断推进数字化教学资源的引进和开发，基于计算机互联网的数字化信息系统，以计算机网络为平台，以数据为核心，利用计算机技术与信息技术，对教学资源进行开发与整合，建成多媒体、互动式、共享式的数字化教学资源库。教学资源库主要包括：教材、教案、案例、教学视频、教学课件、精品课程、试题与考试平台等。为了提高教学资源库的集成与共享程度，职业院校应加快引进各种优质实用的、对接职业情境的数字化教学资源，引进和开发名师视频资源等，并鼓励教师应用数字化资源开展项目教学、案例教学、技能竞赛和技能鉴定等。

数字化专业资源建设中的实训设计是一个集教学改革与信息技术于一身的综合任务，既要体现实训企业、岗位和业务的完整真实流程，又要为学生创设接近真实的专业实训场景，并将职业教育宗旨和学习理念贯穿于虚拟仿真的开发过程中；既要充分采用现有的技术条件，又要有超前意识，并具备不断升级的能力。职业院校应创新实训设计、加强实践教学，构建以"以虚拟企业为载体、仿真岗位为引领、仿真任务为驱动、虚拟场景为实训环境、实训操作为核心"的仿真实训资源应用新模式。职业院校可通过搭建校企共享信息化平台，将企业施工现场、生产过程与工艺流程的视频接入教室，利用虚拟仿真技术建立网络职业能力训练平台。同时要按照职业教育的人才培养规律，从专业能力、职业素养、协调能力、创业能力等几个层面策划实训项目与任务，精心设计每个虚拟仿真实训任务，进行学生职业能力的综合培养。教育主管部门可针对仿真教学软件立项情况给予经费补贴，并对学校立项自主开发的仿真教学软件给予奖励。

国家级、省级示范性职业院校应牵头组织开发精品课程。在主导产业、支柱产业、特色产业领域，依托区域内的职教集团、职业院校、行业协会、企业加盟启动数字化精品课程资源库建设。按公共基础课分学科、专业技能课分专业大类，落实数字化课程资源开发任务。同时注重素质拓展、创新创业教育等网络课程的开发。学习借鉴世界一流大学关于大型开放式网络课程（MOOC）的先进教学理念与模式，探索"名校网络课堂"建设，以帮助更多的职业院校提高教育教学质量，整体提升区域职业教育的综合实力。

（二）构建应用模块化的资源体系

数字化专业教学资源的开发应通过购买、采集和整合等方式，对国内外现有的、

适合区域经济发展的优质教学资源进行碎片化加工、定义与分类，并按产业领域，构建模块化的资源体系。建设以职业信息资源库为依据，以专业建设资源库为主线，以课程资源库和实训项目库为核心，以培训认证库为拓展，以素材库为支撑，以标志性资源库为特色的教学资源体系。职业信息库可包括行业简介、职业标准、技术标准和新技术应用等内容。专业建设资源库可包括人才培养目标及规格的调研手册、专业人才培养方案、职业能力标准与课程建设标准等。课程资源库可包括专业核心课程与支撑课程等内容；实训项目库可包括基本技能、专业技能、综合技能等不同技能培养实训包。培训认证库包括职业资格认证培训包、新技术培训包、师资培训包以及技能竞赛资源包等。素材库可提供不同单元素材，供其他应用库直接使用或二次开发等。标志性资源库可利用视频、动画、虚拟现实技术等手段，研发具有本地特色、适合产业发展水平的特色资源，包括：一是开发具有浓厚区域特色的素质类特色教学资源，面向学生、在岗人员或社会人员，开展职业能力提升与公民素质教育；二是研发代表区域产业高、新、尖水平的技术技能型教学资源，如东莞职业技术学院将建成代表国际先进制造技术，以德国斯宾纳五轴数控加工中心、车铣复合中心等为主要设备的精密制造实训室，并借鉴德国技术培训经验，将以该实训室为基础，应用3D虚拟技术研发"虚实结合"、"技能进阶"的特色教学资源[1]。

二、提升职业院校教育管理的信息化水平

（一）加强职业教育信息化基础能力和资源环境建设

具备相应的基础设施和资源环境是职业院校应用职业教育数字化教学资源平台的最基本条件。地方教育主管部门要全面落实《教育部关于加快推进职业教育信息化发展的意见》，大力提升职业教育信息化基础能力。应该对数字化教学设施给予政策倾斜，并加大对职业院校数字化硬件设备的资金投入，从地方政府的财政中拨专款用于教育信息化建设，建设先进、高效和实用的职业教育信息化基础设施，形成职业院校网站、省（市）职业教育网站的互联互通与相互支撑，同时建立教育行

---

[1] 罗毅洁，王志明. 面向区域的职教数字化教学资源协同共建策略与运维机制[J]. 职业技术教育.2013（20）：40.

政部门、职业院校、行业企业和科研机构相互协作的职业教育服务网络,从整体上提高职业教育信息化水平。例如2012年正式启动江苏职业教育政务网、资源网、科研网"三网合一"工作,通过运用信息技术,将已正式运行的江苏职业教育政务网、科研网与正在开发的资源网统筹由职业教育公共服务平台归口管理,实行"一站式"访问模式[①]。

各职业院校也应加强校园网基础设施建设,网络信息点覆盖所有教学、实训及生活场所,建设标准化数字校园,实现校园网统一管理的无线网络全覆盖。加快信息技术终端设施普及和多媒体教室、网络教室建设。科学地管理校园网,优化网络设施建设,使校园网、网络教室和多媒体教室遍布全校,使学生随时随地无障碍地使用数字化教学资源。同时还要重点建设理实一体的数字化实训场所,职业院校的省级示范专业、品牌专业、特色专业应率先建设数字化技能实训室和虚拟仿真实训环境,为转变教学模式和学习方式,提升教学及实训质量提供条件保障。

(二)强化信息化建设的管理机制

地方教育主管部门应立足全局、着眼长远,坚持把提升信息化能力作为引领和支撑职业教育改革发展的重要任务加以落实。各省应成立省级职业教育信息化工作领导小组,统筹规划、督促检查全省职业教育信息化建设工作,各市、各校也要建立相应组织机构,将信息化建设工作落实到专人与专门机构负责。职业院校应建立由校长任组长的教育信息化建设领导小组,以需求为导向,加强统筹规划,科学制定学校教育信息化建设实施规划,并从省级示范专业、品牌专业、特色专业着手制定信息化教学推进实施方案。例如,到2008年,美国已有42.3%的高校设置了CIO(Chief Information Officer 即首席信息官)职位。30%以上CIO直接向校长汇报工作,近50%的CIO进入校委会,且比例呈上升趋势。这意味这CIO已成为美国高校主管信息化的校级领导,是信息化战略地位与战略价值提升的重要标志[②]。CIO是一种新型的信息管理者,这一概念出自20世纪80年代的美国政府,始于政府、兴于企业。随后深入更广阔的领域,直至进入大学。此外,还应增强职业院校各部门间的协作机制,充分利用和整合现有的信息资源,各部门共享数据,建成集中管理的信息资源库,确保各个应用系统之间的数据共享与实时交换。

---

① 沈健.更加扎实有效地推进职业教育信息化建设[N].江苏教育报,2013—11—6(3).
② CIO:变革时期的新角色.http://www.edu.cn/cio_6540/20091118/t20091118_422187.shtm.l.

三、促进优质教学资源的整合与共享

（一）推进数字化教学资源的整合与共享

数字化资源整合是依据一定的需要，对各个相对独立的数字资源系统中的数据对象与功能结构及其互动关系进行融合和重组，形成一个效能更好、效率更高的新的资源体系。职业院校应当遵循"整体规划、分工协作、资源共享"的整合原则，采取多种切实可行的整合策略，一是运用多种渠道采集并整合信息化资源。如收集网上可利用的精品课程、媒体素材等资源，还可根据专业教学需要自行开发校本资源，或将传统教学资源进行数字化处理，或鼓励教师上传个人教学资源，鼓励学生上传个人作品等。二是加强数字化资源的再开发利用。教师可将对教学应用价值较大、使用频率较高的网上信息加以收集，并进行合理的分类、整合与提炼，避免重复，以提高教育资源的利用率。三是拓展免费的共享型的优质教学资源。增加优质教学资源如精品课程、大赛获奖教学视频、优秀课件等共享。四是及时对教学资源网站的栏目、内容进行优化、更新与升级，使教师与学生能够不断地获得新的资源，了解最新的研究动向。这不仅是建立教学资源网站的需求，也是教育信息化的迫切需要。

（二）创新教学资源的管理机制与建设机制

职业教育信息化建设工作涉及诸多主体、诸多方面，各主体各具优势，尤其是在信息技术飞速发展、信息化应用投入巨大的背景下，必须推进区域内职业教育资源的合理规划与协同共建，充分发挥高职院校在区域职教体系建设中的引领作用，以及领军企业在区域产业转型升级中的龙头作用，以职业教育研究会和职教集团为基础，构建政府主导、行业指导、企业参与、专家支持、学校主体、优势互补、深度合作的协同共赢机制，加快推进职业教育的信息化建设。职业院校应与科研机构、企业等深入开展信息化应用项目，合作共享优质数字化资源，如学习空间的建设与应用项目；为投资建设的企业等社会力量提供个性化服务，采用企业提供原始素材、学校整合创新、企业审定完善的校企合作共同开发模式，构建开放性、互动性、满足个性需求的数字化培训资源库，建立完善用户按需购买产品与服务机制，使学校、企业乃至社会各取所需、互利多赢；职业院校应逐渐向社会开放信息化设施与服务，形成教育行政部门、职业院校、科研机构与行业企业相互协作的网络化服务体系和资源共享机制；同时职业院校必须规范资源开发与制作者的行为，加强网络资源维护，并根据本校的实际情况，建设有本校特色的课程网络资源，加强对专业教师的技术支持与技术指导，构建统一的网络教学平台，改变网络资源建设与应用脱节的现状。

此外，为了顺应信息化的发展趋势，兼顾当前与长远发展的需求，不断探索教育信息化的新构架——基于云平台的数字化教育资源建设，利用其破解数字化教育资源建设所面临的建设成本高、资源共建共享难等诸多实际难题，通过云平台可将所有资源集中起来，通过互联网、宽带传输给学习者进行自助管理，充分实现优质资源共建共享，满足不同学习者获得教育信息需要，提高资源利用率。

四、提高职业院校教师的信息技术应用能力

推进职业教育信息化建设工作，有效运用自主学习、协作学习等人才培养模式和学习方式，需要教师提高自身在信息化环境下的教学能力，以及在数字化环境下指导学生提高其学习能力。

开展教师信息技术应用能力培养，是全面提高职业院校教师信息化环境下教学能力的有效途径之一，它也是一项系统工程，需要学校的教务部门、师资管理与培训部门、信息技术部门、人力资源部门等各部门的紧密配合，共同协商来解决实施中的各种问题。首先，在管理层面上制定教师信息技术应用能力标准，在原有的教师培养体系的基础上，融入信息技术应用能力的培养，通过制定信息化能力培训规划，组织开发各种网络培训资源，开展教师信息化培训。同时对教师信息技术应用能力培养过程的每一个阶段，实施效果评估，不断发现与解决问题，提高教师信息技术应用能力的培养绩效。其次，健全教师信息技术应用能力的激励机制，将信息技术应用能力和信息化教学能力考评纳入教师引进、资格认证、职称评审、岗位聘用、绩效考核等考评体系，以促进教师提高信息技术应用能力的积极性。

职校教师应加强信息技术与教学内容、教学过程、教学方法和教学评价的融合，

不断创新信息化环境下技术技能型人才的培养模式。一是充分运用信息化的资源与环境，形成集备课、教学、答疑、自主学习、作业提交、考试考核与学分认定等功能于一体的新型网络化教学模式。二是不断开发与运用现代信息技术促进学校与企业、专业与岗位、课程标准与职业标准、学习过程与生产过程的深度对接，建立完善人才需求、就业预警、专业调整等方面的信息服务机制，积极探索信息化环境下的产教对接、工学结合的新模式。三是加快推进网络学习空间的应用，教师通过网络平台对学生完成任务情况进行监控与评判，引导学生应用网络资源的行为，以提高学生运用通用信息技术的职业能力与素养，提升其数字化的学习能力。

第六节　改革招生考试制度，拓宽人才成长途径

根据社会人才需求和技能型人才成长规律，完善职业院校毕业生直接升学和继续学习制度，推广"知识＋技能"的考试考查方式。探索中等和高等职业教育贯通的人才培养模式，搭建终身学习"立交桥"，并为职业教育毕业生在职继续学习提供条件。

一、改革招生考试制度

《国家中长期教育改革和发展规划纲要（2010–2020 年）》指出："逐步实施高等学校分类入学考试。普通高等学校本科入学考试由全国统一组织；高等职业教育入学考试由各省、自治区、直辖市组织。"纲要的表述，包含两个主要改革指向，其一是放权，即高职院校入学考试的组织工作从中央政府下放到省级政府；其二是分类，高职院校作为高等教育的一个类型，实行单独考试，以区别于普通本科院校的招生考试。综合来看，分类考试不仅体现了制度公平，也强调了机会均等。

建立以拓宽人才成长途径为目的的高职招生考试制度，政策上应给高职更大的自主权，改革高职招生、考试评价制度、放宽高职院校招生计划比例、扩大自主招生规模和试点范围，拓展中高职相衔接的升学渠道。将高职的入学考试与中职的教学、考试、证书、技能竞赛等成绩结合起来，不断完善高职院校对接中职的自主招生制度与保送制度等。

高职招生考试是中职学生进入高职院校学习的必经之路，是实现中高职教育衔接的前提，招生考试制度的合理性是保证中高职协调发展的关键。中职升高职的入学考试不能按照普通高考的办法，也不能沿用普通高中的考试办法，而要按中职的

课程设置和教学内容要求进行考试，增加和突出专业课、实践课的考试内容，以求真正提高职业教育的教学质量，这需要从以下几方面入手：一是规范中职考试制度。强化中职学生的文化基础知识教育，使其达到高中水平，在统一规范文化课教材的基础上，实行中职文化课的统一考试制度。二是加强职业领域的技术基础考核。将过去偏重于文化课的考试改成理论与实践考核的齐头并进，在现行考试的分数分配方面，提高技术基础考试的权重，使其与文化基础考核具有同等重要性，并将中职专业中的核心课程纳入考试内容，考试的科目要与中职开设的课程相衔接，中职阶段的各科考试成绩可以作为中职毕业生日后升学的参考。三是实现"基本规范＋充分自主"的职业院校招生范式。"基本规范"是中职学生就读高职教育的最低门槛和最低要求，"充分自主"既能保障学校自主招生权力的更好发挥，也能让学生自主选择学校、专业、课程，充分保障学校和学生在职业教育招生考试中的"自主权"。

二、实施灵活多样的招生模式

高职院校应打破升学限制，对于中职进入高职的学生，适当放宽报考条件，改变传统的以文化课考试为主的选拔机制，选拔主要以考察专业基础的学习加上技能测试，使中高职衔接由注重学历衔接转向注重内容。还可以将考试、招生等权力下放到相关行业组织，让他们根据产业、行业发展趋势和用人规格的需求自主组织考试和招生工作。通过完善高职院校的多元化选拔录取机制，来提升高职院校生源质量和办学水平。经过多年的摸索与实践，我国在中高职衔接方面的研究已取得了一定的进展，在实际工作中也总结出了很多有效的衔接模式，但不同模式的优缺点各异，各高职院校应根据办学的实际情况自主选择。

（一）五年一贯制模式

五年一贯制是由中等职业学校或高等职业学院直接招收参加中考的初中毕业生入学，在课程、教学等方面统筹安排、整体设计、学生在校连续学习五年，学籍管理上分段衔接前三年按照中职管理，后两年按照高职管理，毕业时取得高等教育专科文凭的中高职衔接模式，是最典型的系统衔接方式。根据举办学校性质的不同，一体贯通式可以分为提升式和下延式。提升式是指由国家级重点中等职业学校举办一贯制职业教育，下延式是指由高等职业院校向下延伸教育功能，直接招收初中毕业生举办一贯制职业教育，这种模式我国从1985年开始试点，规模在持续发展。

该模式的优点较多，一是在中高职的教学、课程衔接方面较易操作，可减少衔接中的内耗现象，衔接质量和效益较高。据调查，中高职贯通的教学计划能较中高职分离的教学计划重复率降低20%～25%[①]；二是利用5年时间接受系统教育，有利于学生在缩短学程基础上，形成比较扎实的专业技术基础；三是避免了高考压力，对学生与家长颇具吸引力。但也存在不足，一是它是一个独立的课程体系，学生不能在第三年后实行部分淘汰和分流，培养周期较长，学生因缺少竞争压力而产生惰性心理；二是年龄较小的初中毕业生生源由高职院校在学籍管理上进行分段管理，通常不适应高校的管理模式，由此造成学校管理难度加大；三是未能充分发挥高职和中职各自的办学优势，限制教育资源，影响发展速度。目前，江苏、广东、浙江等地也在实施中高职贯通培养模式，但该模式并非适合所有专业，一些长线专业，如护理专业，就业比较稳定、对技能要求比较高，适合中高职贯通；而一些就业情况紧随市场变化的专业，如动漫专业就不适合。

（二）分段贯通模式

分段贯通式在有些研究中被称为独立结构模式，根据进入高职阶段的选拔方式不同，又可以分为对口招生、自主招生和高考招生三种。

1. 对口招生模式

（1）"3+2"衔接模式

该模式（包括3+2／3+3）实行中职、高职分段合作培养，中职与高职协议联合通过中考选拔初中毕业生，招生指标列入当年试点中职学校的招生计划。学生在中等职业学校学习3年，经过资格考核，进入高等院校学习2年。由试点中职学校负责招生宣传，学生在入学报到后，组成"3+2"中高等职业教育衔接试点班，执行相应的教学计划。试点初期，可采用一对一的模式，即一所高职学院对应一所中职学校。在试点的基础上，将来衔接的院校可以实行一对多的模式，即一所高职院校对应多所中职学校。中职与高职联合制订不同层次的人才培养方案，推进中高等职业教育课程一体化、专业学历教育与高级职业资格证书教育一体化，系统培养具

---

① 苏志刚,陈蓉,任君庆.中高职衔接的理论思考［J］.宁波高等专科学校学报,2001（1）:98-100.

有专科层次的高素质技能人才。

该模式优势在于：一是可充分发挥中职与高职的教育资源和办学优势，调动双方的积极性；中高职学校共同制订培养目标，整合、重组中高职课程和教学计划，中高职相对独立，又紧密联系，课程设置和内容不脱节又不重复，比较符合学生的身心发展规律和认识规律，符合高技能型人才培养规律，提高办学效益[①]；二是针对不同年龄段的学生采用相应的教学管理模式，充分发挥中高职院校各自的特色和优势，有利于职业教育资源整体效益的充分发挥。三是三年中职学业完成后，学生可以升学，也可以就业，有利于激发中职学校学生的学习动力，提高学习效果，提升中职学校吸引力；为高职提供充足生源，提高其毛入学率，有利于实现高职教育的可持续发展。可见，该模式并不是两所学校学制的简单衔接，而是中高等职业教育培养目标、课程内容、教学管理等方面的内涵式衔接，是核心内容和发展方向的衔接，避免了衔接过程中的损耗和学生在同一学校完成两种层次教育的缺点，有利于人才培养目标的实现，是一种相对比较理想的中高等职业教育衔接模式。但也存在不足，一是实施这种模式的高职班中还招收普高毕业生，而普高毕业生与中职毕业生存在很大差异，普高毕业生文化基础课比较扎实，中职毕业生的专业实践能力比较强，由于学生基础不同，两者培养计划应该有所不同，但高职的教学计划却很难兼顾，给高职教学和管理带来困难。二是由于此种模式在课程设置上是整体设计，需要组织对口专业联办学校共同研究。特别是中职阶段的课程，既要达到升入高职学习的基本要求，也要考虑未升学学生的就业需求；同时中高等职业教育课程分段实施，需要联办学校间相互协调，建立完善的质量评价体系。

（2）单考单招模式

该模式是指中职与高职各自根据自己的学制年限进行教育，部分中职毕业生（中专、技校、职高毕业生）完成三年中等职业教育，通过高职院校单独组织的招生考试到专业对口的高等职业学院学习2至3年，最后取得高等职业教育文凭的高职教育模式。中职毕业生自由选择报考高职院校，中、高职学校没有合作关系。目前高职招生普遍采取3+X招生考试方式（"3"指语文、数学、外语三门文化基础课，"X"指专业综合考试），一般由高职院校根据其招生特点及培养要求自行组织命题、考试与评卷。按照教育部的规定，每年通过此种模式升入高等职业学院继续学习的学

---

①钱景舫.中高等职教衔接之我见［J］.职教通讯,2001（4）：10-12.

生占当年中等职业学校毕业生的5%。由于单考单招的学生数量相对较少，学生入学后一般与普通高中毕业考上高职的学生统一编班、统一教学、统一管理。

该模式优势在于：打破了中职与高职教育壁垒，对完善职业教育体系、构建教育立交桥起到了一定的积极作用，是最符合中高职衔接内涵的；从体制上宣告了中等职业教育作为终结性模式的结束，从形式上解决中等职业教育与普通高中教育的等价问题[1]；而且以中职毕业生为高职主要生源为高等职业学校提供了技能强的成品、半成品人才，高职生源技能并不是"零起点"，在此基础上高职才能真正办出特色。但该模式也有诸多负面影响，由于之前缺乏中高职人才培养上的沟通，高职课程与中职课程没有衔接，存在着不同程度知识和技能的断档或重复，造成教学资源的浪费；招收的中职生来自不同的专业，与普通高中毕业生混合编班，由于学生基础不同，给高职教学和管理带来困难。另外，一些中职学校为了吸引家长和初中毕业生，违背了对口招生工作的初衷，在新生入学时就开始组建升学班，目标直指对口高考[2]；在招生的技能考核中，专业技能考试流于形式，没有真正落到实处；中高职课程衔接影响中高等职业教育的发展。因此，这种衔接模式在课程衔接和选拔方式上要做更多改进。

（3）优秀学员学校推荐模式

学校根据学生的综合能力，衡量学生各方面的表现，综合班主任、科任教师、实习企业等意见，推荐优秀学生入读高职。在中等职业院校中，按照一定的比例把德、智、体、美等全面发展，品学兼优、愿意继续深造的毕业生以不用考试方式，保送到高等职业院校继续求学深造，可以减少对口升学中的人力、物力、财力的支出，节约教育资源，有利于进一步扩大职业教育的社会影响力和对学生的吸引力。应该针对不同情况研究制定相关的政策制度，保送优秀毕业生就读高职院校。

一是对在校期间行为表现良好，具有一定的发展潜力的品学兼优的毕业生按一定比例保送到高职院校就读，这对中职院校形成良好的学风、校风具有促进作用，例如，在建立完全学分制基础上，中职升高职可不需要入学考试，采取"宽进严出"的办法，实行弹性学习制度，允许中职学生分阶段自主地完成学业。在科学合理确定高职的"准入标准"和"起点要求"基础上，中职升高职可实行"学分绩点+证

---

[1]高红梅.关于中等.高等职业教育衔接的若干思考［J］.辽宁教育研究,2006（2）：64-66.
[2]戴桂荣.以江苏省为例探索我国高职对口单招模式的改革［J］.职教论坛,2010（3）：18-22.

书"形式，即学生完成了中职全部课程，达到相应学分绩点和获取相应技能等级证书可直接进入高职学习，以保证优秀中职毕业生进入高职学习提升。

二是各类技能大赛获得者可以享受入学优惠政策，应该对在国家级、省部级与行业组织的各类职业技能竞赛中取得优异成绩的学生出台优惠倾斜政策，同时对在某个方面具有特殊技能（包括单项技能）的选手经相关行业、企业推荐可以直接保送学习。例如，在国家级竞赛中取得名次的应该免试就读高职；在省部级竞赛中取得第一二名的直接免试到相关院校就读高职，取得第三名的可以加分；对行业组织的技能竞赛中取得第一名的选手可以经相关行业、企业推荐直接保送高职学习。例如江苏省规定：获得省技能大赛一等奖或全国技能大赛二等奖以上的考生可根据志愿直接录取省属院校本科专业学习；获得省技能大赛二等奖或全国技能大赛三等奖的考生可根据志愿直接录取省属院校专科专业学习，如该考生成绩达到本科投档要求，可参加本科阶段投档与录取；获得省技能大赛优秀奖以上奖项的考生可享受同等条件下优先录取政策等[①]。

2. 自主招生模式

面向所有考生。2007 年，教育部允许部分国家示范性高等职业院校进行自主招生考试试点，并逐年扩大试点范围。自主招生采取的是分类考试、综合评价、多元录取，实现了人才评价的创新性和入学渠道的多样性。在自主招生的情况下，高职院校要明确招生人群、招生定位，形成个性化的招生宣传，结合自身实际做好招生计划。自主招生有两种形式：一种是自主招生的学校以全省统一考试成绩为参考，自主选择若干门考试成绩作为入学依据。另一种是完全由学校自主设定考试方案来招考，考试方案须报省级教育管理部门，并由教育厅审核通过。

招生对象面向普通高中毕业生与中职毕业生。试点院校可对语文、数学、外语三门科目进行联合测试，还可将普通高中学业水平必修科目测试成绩纳入考评体系；也可自行组织文化测试，达到报考院校规定的文化测试成绩要求的考生，由院校结合自身教学要求与办学特色，根据事先设计好的方案，对考生进行技能考核或面试，技能考核或面试可由招生院校单独组织或多所院校联合组织。同时，高职院校可结合自身办学实际，自主、科学、合理地安排招生计划，并经省教育厅批准后对外公

---

① 2012 年江苏省教育考试工作年鉴 .http://www.jseea.cn/infopublic/index.html.

布。招生计划数可以有控制地逐年提高，例如对已经开展高职单招改革试点的院校，单独招生计划数可控制在本校年度招生规模的 30% 以内；首次开展高职单招改革试点的院校，单独招生计划数可控制在本校年度招生规模的 10% 以内。已被高职单招录取的考生，不再参加普通高校其他任何形式的招生录取，试点院校未完成的单独招生计划经申请批准后可转为统招计划实施[①]。

3. 高考招生模式

目前，高职院校在招生主体上主要采用的是高考招生模式，主要是针对高中毕业生，通过国家统一的高考来实现。

表 6.3　　　　　　　　分段贯通模式特点分析

衔接形式	选拔方式	学制形式	招生对象	优势	缺点
对口招生	"3 + X" 单考单招、推荐入学	3 + 2 3 + 3 4 + 2	中职毕业生	专业对口衔接	有应试教育倾向；未实现课程的衔接
自主招生	高职院校自主选拔	3 + 3 3 + 2	普通高中 中职毕业生	增强了高职招生的自主性	未考虑专业的衔接；未实现课程的衔接
高考招生	全国统一高考	3 + 3 为主	普通高中 中职毕业生	高职不用单独组织考试	未考虑专业的衔接；未实现课程的衔接；导向应试教育

（三）其他创新模式

1. 中职与本科的"3+4"模式

通过中职与应用型本科联合招生，实行"3+4"分段培养，即在中等职业学校学习 3 年，进入普通本科院校学习 4 年。7 年学习期间，由对口试点的中职校和本科院校分阶段制订人才培养方案，统筹制定对口专业理论知识课程和技能训练课程衔接贯通教学体系，系统化培养应用型人才，使其技术技能达到助理工程师或预备技师的要求。本模式学生通过对口单招进入本科阶段学习。"3+4"方式考试内

[①] 省教育厅关于做好江苏省 2013 年高职院校单独招生改革试点工作的通知
http://www.jseea.cn/contents/channel_4/2012/12/1212261627739.html

容以专业技能和中职教育学业水平测试为主，其标准由本科院校与对口中职校共同制定，然后报省教育行政部门审定。例如2013年青岛有3所中等职业学校获准与青岛科技大学开展"3+4"分段培养试点工作。招生的中等职业学校和专业分别是山东省轻工工程学校数控技术专业、青岛电子学校计算机应用专业、青岛华夏职教中心会计专业，招生计划分别为40人、50人、50人。青岛科技大学衔接的本科专业分别是机械设计制造及其自动化、计算机科学与技术、财务管理[①]。该模式是现代职业教育体系"上下贯通"的重大突破，对于搭建职业教育人才培养立交桥，破解复合型应用人才培养难题，提高职业院校办学水平和吸引力有着深远的意义。

2. 高职与本科的"3+2"模式

实行高职院校与应用型本科联合招生、分段培养，实行5年一贯式办学。学生完成高职学习3年后，第3年经考核测试，择优选拔部分学生进入衔接本科高校学习2年。5年学习期间，由试点高职高专院校和衔接应用型本科院校合作办学、联合培养，与行业企业共同制订5年一贯式人才培养方案、主干课程标准及课程体系。该模式可避免原来专升本出现的课程重复开设、专本不衔接等弊端。既可发挥高职校企合作育人、实践教学突出的优势，又可充分发挥本科院校实验设备尖端、师资理论深厚、科研水平高的优势，可系统培养既适应当前经济发展需求，又适度超前的本科层次高端技术技能型人才。

2013年山东省共有11所高职高专院校成为试点，共计12个专业点，衔接本科高校10所，每个试点专业安排招生计划100名，共计招生1200名。此次获准开展试点的高职高专院校均来自国家示范院校、骨干院校和潍坊职业教育创新发展试验区高校，例如潍坊职业学院应用化工技术专业衔接青岛科技大学化学工程与工艺专业；山东畜牧兽医职业学院动物医学专业衔接山东农业大学动物医学专业；山东科技职业学院建筑工程技术专业衔接山东建筑大学工程管理专业；山东交通职业学院物流管理专业衔接山东交通学院物流工程专业[②]。

---

① 青岛试点"3+4"中职升本科模式,2013-07-08 http://edu.gmw.cn/2013-07/08/content_8212921.htm.

② 2013山东高考3+2模式高职生直通本科,http://www.99zuowen.com/gaokaozuowen/shandonggk/92905.html.

3. 行业企业保送模式

为积极探索分类考试、综合评价、多元录取的成人高校招生模式，适应区域经济社会整体发展战略对人才资源的结构优化和素质提升的更高要求，依据为社会提供更多的实用性专业技能人才的宗旨，可针对在行业企业生产第一线长期从事技能工作，而且经常提出合理化技术改造方案并被采纳后产生明显经济效益的，虽然文化基础不高但在某些方面具有熟练操作技能，或者具有使用技术专利能力的人员，经企业或企业（行业）管理组织推荐可以直接保送进入高职院校继续学习。还可以针对工作环境艰苦的专业特色、行业企业特点、生源群体状况制定面向艰苦行业的相关专业试行推荐考核择优入学的工作办法，并提出明确刚性推荐条件和操作性强的考核办法。例如，江苏省教育厅文件（苏教考〔2012〕15号）提出《江苏省2012年成人高校面向艰苦行业试行推荐考核择优入学工作办法》，同意泰州职业技术学院、江苏畜牧兽医职业技术学院等15所高校参加面向艰苦行业试行推荐考核择优入学试点工作，即高校面向农、林、水利、地质、矿业、测绘、远洋运输、社会福利等艰苦行业，采取计划单列、单位推荐、高校考核、择优录取的形式，招收一线在职工作人员。2013年参加行业推荐改革高校达45所，专业点133个，招生计划9080名[①]。并对该类招生下发了严格规范：试行高校将招生计划分解到行业企业，由行业企业按照招生章程的刚性条件要求进行推荐；试行高校组织推荐对象采用面试或者笔试等方法进行考核，严格按照单列计划限额择优确定拟录取名单，并报省教育考试院审核；省教育考试院根据单列计划、生源对象、招生章程进行审核，审核通过后，由省教育考试院、试行高校、生源所在行业企业进行三级公示；公示无异议后，在成人高校录取期间办理免试入学的录取手续[②]。

4. 注册入学模式

为了进一步扩大高职院校办学自主权，建立中职毕业生注册进入高职院校的学习制度，为促进中职毕业生直接入学、高职院校录取适合学生开通新渠道，使技能型人才培养系统化，这是促进中高职教育协调发展的重要举措。在试点中职学校的

[①] 教育厅关于做好2013年成人高校招生面向艰苦行业推荐考核择优入学和校企合作扶持发展专业加分录取工作的通知 2013.7.29.http://www.jseea.cn/contents/channel_4/2013/07/1307291629862.html.

[②] 省教育厅关于做好2012年成人高校面向艰苦行业试行推荐考核择优入学工作的通知 2012.9.6.http://www.jseea.cn/contents/channel_4/2012/09/1209060912564.html2

三年级中，选拔符合高职入学标准的学生，不参加高考，直接进入高职学院对口专业完成后两年的学习。例如，江苏省从2011年起试行中职学生注册入学模式，要求考生根据高职院校提出的报考条件和录取要求，结合自身条件，向1—2所试点高职院校提交注册申请；院校根据考生在校期间思想品德、个人特长、平时成绩、技能水平等方面情况，在一定计划范围内，依据本校招生章程，择优确定拟录取考生；考生在拟录取院校中，最终选择确定1所学校就读[①]。中职注册入学录取计划与普通高考录取计划的性质完全相同，其招收的考生，除录取方式不同外，在校待遇、毕业生就业政策以及毕业文凭等均与普通高考录取的考生相同。2012年，该省参加注册入学试点院校有37所，其中民办院校23所、公办院校14所，注册录取各类考生29072人，占到注册入学公布计划数的97.9%[②]。

5. 技能高考

所谓"技能高考"是湖北省2011年首创的针对职业教育发展推出的一项重要的招生考试改革，要求高职院校开展只针对招收中职学校毕业生的招生考试。招生考试以技能操作为主，文化考试为辅，考生先参加技能操作考试，技能考试由指定的几所院校组织实施。考试时间一般为6月份，技能操作考试合格后，才能参加来年的文化考试；文化考试由省教育考试院统一组织，文化考试实行单独命题，与普通高考同步，文化综合试卷包括常识、语文和数学。录取时，技能考试分数占录取比重的70%，文化考试分数仅占30%。最终招生录取由省招办统一划定操作技能考试和文化考试的最低录取标准。然后根据学校划定的录取人数，按考生考试的分数排列，由高到低录取，录取时间和普通高考录取时间同步进行[③]。这在一定程度上，推动职业院校进行教育教学改革，有助于建立中职毕业生升学的基本制度。

高职生源只有逐渐以中职毕业生和具有相应文化层次和专业技术基础的在职人员为主，高职才能承担起带动整个职业教育的重心高移，从而完成构建职业教育体系的历史使命。背离这一点，高职只能从普通高中毕业中降分录取生源，不仅不利于职业教育的发展，反而会进一步强化传统高考的选拔作用，给深化教育体制改革、调整教育结构、全面推进素质教育带来巨大阻力。

---

① 普通高校面向中职学生注册入学简介.http://www.jseea.cn/contents/channel_channel_6/2013/12/1312131425371.html

② 2012年江苏省教育考试工作年鉴.http://www.jseea.cn/infopublic/index.html

③ 詹嘉仪.湖北首创的高职院校"技能高考"解析[J].职教论坛,2012(33)：20.

第七节 坚持以能力为核心,推进评价模式改革

以能力为核心,以职业资格标准为纽带,促进中等和高等职业教育人才培养质量评价标准和评价主体有效衔接。推行"双证书"制度,积极组织和参与技能竞赛活动,探索中职与高职学生技能水平评价的互通互认;吸收行业、企业、研究机构和其他社会组织共同参与人才培养质量评价,将毕业生就业率、就业质量、创业成效等作为衡量人才培养质量的重要指标,形成相互衔接的多元评价机制。

一、人才培养质量评价有效衔接的基本要求

一是对口合作的中高职院校必须共同研究并明确各自承担的培养目标、专业设置、课程设置、实践教学环节、人才培养方案等,以确保人才培养质量与办学效益的提高。

二是遵循以就业为导向、能力本位、以生为本等先进职业教育理念。实行教考分离,鼓励行业企业参与教学考核标准的制定、考核的实施等过程中。

三是考核要具有全面性,应包括学生从事某项技能应具有的知识、能力与态度;考核类型要包括诊断性考核、形成性考核和总结性考核等;考核方法要多元化,采用观测口试、现场操作、第三者评价等方式来比较全面地反映出学生的实际能力。

二、人才培养质量评价衔接体系的设计导向

（一）重构评价内容，实现评价内容的多元化

在教学实践中，教师要根据课程所涉及的知识、能力、素质的要求，确定相应的考核内容，既要考核课程知识，又要考核能力与素质，通过多角度评价，来促进学生各项潜能的充分发挥与提升，使职业院校学生的智力因素与非智力因素产生互补、形成合力，促进其全面可持续发展，提高学生的社会适应力与就业竞争力。

（二）改革评价方式，采取过程式评价

在评价方式上，要把对学生的考核评价贯穿于教学过程的始终，积极倡导动态的过程评价，重点评价学生学习过程中所掌握的专业技能和养成的职业素养，关注学生在参与教学、实习、实训等实践活动过程中的经历与体验。

（三）改革考试方法，加强实践考核

实现职业教育教学考核方法的多元化，为了达到全面考核评价学生的职业综合能力这一目的，必须根据教学内容采用开放的、灵活多样的考试考核评价方法。包括期中期末考试、单元测验、课堂讨论、角色扮演、课堂演讲、案例分析等，同时对学生加大校内实训与校外顶岗实习考核的权重。

三、人才培养质量评价衔接体系的设计

（一）多元化教学评价

职业教育的培养目标与普通教育培养目标有一定区别，所以，采用普通教育的评价方式来评价职业教育人才培养质量是不适宜的。对职业教育的教学评价一般应该包括评价学校与评价学生两个方面。其中，评价学校的办学效益，要建立吸收行业、企业、研究机构和其他社会组织共同参与学校人才培养质量评价的机制，将毕

业生就业率、就业质量、创业成效等作为衡量人才培养质量的重要指标。职业教育教学评价应形成相互衔接的多元评价机制，打破原来以考试成绩为主要评价标准的机制，尤其是要改变以卷面成绩评价学生优劣的评价方式，从知识与技能、过程与方法以及情感态度与价值观等三个方面对学生进行综合评价，同时注重技能的考核，通过职业资格证书的取得，以及相应的技能大赛成绩，来检测学生的技能水平。

此外，教学评价既要考虑到学生的共性，也需要突出其个性。如对中职学生某一门专业课程的学习进行综合性评价时，不仅要评价其理论与实践课程考试成绩是否达标，还要从其学习态度、项目完成进度、实验器具的规范使用程度以及与他人的合作、沟通与组织能力等方面进行多维评价。在每次评价时更要结合学生自评、互评以及教师评价，力求做到评价一个学生的学习状况的公正性。

（二）教学与考试评价的衔接

由于中高职院校的教学任务是"既要满足学生的就业要求，又要为学生职业发展和继续学习打好基础"。中高职院校的教学任务，又分别是在中职学校和高职院校完成的，中高职院校之间又不存在上下级关系。所以，中高职院校教学以及考试评价的衔接，不可能通过中职学校和高职院校之间的沟通完成，只能通过政府职能部门，根据中高职院校各自的定位，确立教学目标；根据职业教育的需要，"以能力为核心，以职业资格标准为纽带"，建立统一的中高职院校考试评价体系

（三）建立合理的甄别机制

就学籍而言，连贯培养的学生，前三年为中职，后二年为高职。可获得中等职业学校和高等职业学院的双毕业证，但是这样的学生入学后也可以做出就业或升学的灵活选择。学生入校后，可能对这种学习不适应，或者对所学专业没兴趣，这均属正常现象。可建立相应的甄别机制，例如，在连贯培养班一年级结束后，通过综合考核，进行甄别，对不适应者进行分流处理，允许其转入普通中职班学习。并在此基础上探索更为科学、合理的有效认定高职入学条件的评估体系，以保障高职阶段的培养质量。

（四）加强职业鉴定考核的有效衔接

依据行业不同层级的岗位职业能力标准，推动职业教育、职业技能鉴定机构、行业组织的深度合作。深化中高职教育相关专业的"双证书"衔接，推进中高职"双

证书"一体化教学,确保 95% 以上职业院校毕业生取得职业资格证书。扩大目前中职教育相关专业"双证书"的种类,使其考核的内容、种类与高职阶段相对应,逐步实现证书的衔接管理和"可晋级"操作。可依托职业教育所制定实施的"职业培训包"项目,明确中高等职业教育各个专业群在职业知识、技能和能力上应达到的职业资格标准与程度,制定出能充分反映行业不同层级需求的能力考核内容及相关课程,规定国家职业资格证书等级及其对应的职业能力等级之间的关系,在中职、高职教育阶段统一加以实施、考核、取证,从而构建一个完整的职业资格证书体系,实现职业技能的全面对接。

第八节　加强师资队伍建设，注重教师培养培训

构建现代职业教育体系要注重为教师发展提供空间，调动教师的工作积极性。包括推进职业教师职务（职称）制度改革，完善职业学校教师定期到企业实践制度，建立职业学校教师准入制度，建立健全技能人才从教制度，完善企业和社会专业技术人员担任兼职教师措施等方面。

一、职业教育师资的能力素质构成

目前，普遍存在着绝大多数职业院校教师直接来源于学校毕业分配，缺乏行业企业的实践经历与工作经验，同时，行业企业聘来的教师也存在着缺乏教育教学经验等问题。虽然我国职业教育教师所需要的资格、知识、能力与素质等标准尚未达到统一共识，但是以下几个方面的能力素养是职教教师不可或缺的。

（一）现代职业教育理念

新的历史时期赋予了职业教育人才培养目标、教学方法、教育评价等方面以新的含义、新的理念、新的生命，现代职业教育理念的核心思想可以概括为"以学生为中心，以能力为本位，以行业需求为导向"的思想。职业院校应围绕这一核心理念来指导教育教学，培训教师树立新的教育教学理念，激发教师的教改热情，促进其自觉改革教学方法与学生评价方法，从而树立一系列职教教学新观念，包括：以育人为本，面向全体学生，注重个性发展的新的教育观；满足企业需求，满足学生发展的全面质量观；没有差的学生，只有差的教育，立足发展学生多元智能的新的

143

学生观等。

（二）职业道德教育能力

教育部把职业道德建设放在队伍建设的突出位置，把教师职业道德作为教师工作考核和职务聘任的首要内容，职业院校应着重培养培训教师爱国、守法与诚信意识，使得教师能够做到公平施教、积极支持和帮助学生，特别是弱势学生；促进职教教师倡导、规范与维护职业道德，谙熟相关行业的职业道德规范，然后通过教书育人、为人师表，对学生起到引领与带动作用；并积极履行育人职责，能够结合所教学科特点，将思想政治教育融入教学过程，引导学生养成良好行为习惯，形成健全人格，促进学生身心健康成长。

（三）职业教育教学能力

教学能力是职教教师能力体系中最基础、最必需、最能动、最能展现现代职业教育思想的部分，职业教育教学能力培训要以教师的教学基本功和教学基本技能为主要内容，强调教师具备以学生为主体、以教学做一体化为中心的教学观；要求教师能够设计理实结合的教学活动和理实一体的学习方案，引导和帮助学生如何学习；能够设计与管理学习资源和环境，并且具有行业企业所需的综合职业能力。能够准确把握学生成长规律，及时了解学生思想状态，帮助学生正确分析、认识成长过程中的问题，尊重学生差异，既注重学生群体成长，又关注每个学生的全面发展；能够准确把握和使用教材，深入系统地掌握所教学科的知识体系；专业课教师应及时把握本专业国内外发展现状和相关专业领域职业教育的发展趋势。

（四）开展行业联系和专业技术实践能力

职业教育是与行业紧密相连的教育，这是职教区别于普教最鲜明的特色。作为一名职业教育教师，必须具备行业意识和与行业沟通的能力，并具备较强的专业技术的实践技能。因此，职教教师要学会收集行业信息和开展行业联系，不断获得行业实际经验，提升自身的专业实践能力，同时更应具备为行业企业提供培训服务的能力。专业教师任现职以来在行业企业实践时间每年应不少于2个月或近5年来在企业工作1年以上，熟练掌握企业生产与服务流程，熟悉其对人才培养的要求，协助其开展技术攻关与合作研发。实践性较强的专业课教师应取得相应的职业资格证书或技能等级证书。如中职专业教师应取得与任职专业有关的二级以上职业（执业）

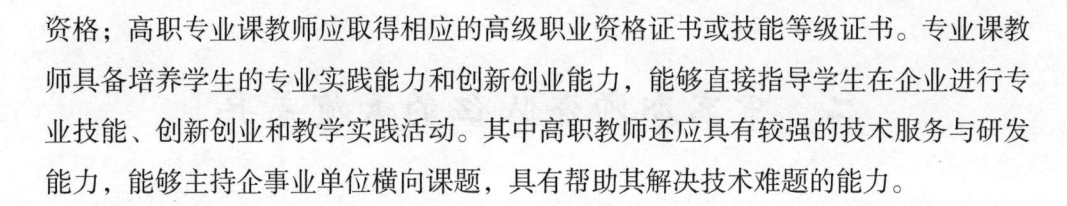

资格；高职专业课教师应取得相应的高级职业资格证书或技能等级证书。专业课教师具备培养学生的专业实践能力和创新创业能力，能够直接指导学生在企业进行专业技能、创新创业和教学实践活动。其中高职教师还应具有较强的技术服务与研发能力，能够主持企事业单位横向课题，具有帮助其解决技术难题的能力。

（五）从事课程开发的能力

随着我国经济和科学技术的发展、产业结构的调整与升级，新行业、新职业、新技术、新工艺不断涌现，社会劳动分工复合化和职业技术综合化的趋势愈加明显，职业教育将面临新的挑战。作为职业教育教师必须针对不断变化的劳动力市场，立足产业需求，通过行业企业调研，能够设计与开发新课程，并具有编写教材、评估课程的基本能力。

（六）教育科研与合作能力

职教教师要注重教研科研意识和合作能力的培养，根据本校、本人实际，针对当前职业教育教学中的实际问题，确定研究课题，组织研究团队，进行有针对性的研究。职业院校应引导教师用教育理论指导教学实践，能够正确把握教学研究方向，并从教学实践中不断总结经验与教训，及时发现并准确分析和解决教育教学中存在的问题，不断提高自身教育教学研究的能力和水平；鼓励教师积极开展课程改革与教学方法创新，并将其运用于教学实践；逐渐提升自身的科研能力，能够主持或参与市级、校级课题研究，以及主持或参与工程和企业产品项目的开发；具备良好的团队精神，能够在教学团队中充分发挥积极作用，较好地完成教育教学研究和实践任务。

（七）信息技术运用能力

随着信息技术在教育领域的渗透，以多媒体和网络为核心的现代教育技术已成为教育现代化的重要方面，是推动教育改革、推进素质教育、实施课程开发与教学整合的有力保障。因此，职教教师应从教育的发展需要出发，适应当前信息化教育的需要，不断提高自身的信息技术素质，如具备自制多媒体教学课件能力、图形、图像软件处理与网页制作等能力。

二、中高职师资队伍的素质差异

职业教育教师都应明确自身职责和学生的基础及将来发展方向。在具体的教学中充分考虑学生的就业和继续深造的愿望,有的放矢地开展教学。中职专业教师应具有"双教能力",才能落实技能型人才的培养,即不仅具有良好的专业知识和教育技能,还要具备较强的实践操作指导能力,既能胜任理论教学,又能指导学生实训;对高职教育的专业教师而言,教师除具有"双教能力"外,还应该具有与企业合作开展应用研究的能力,即在能胜任理论教学与指导学生实训的基础上,熟悉并参与企业的技术、组织与管理工作,学习生产第一线的新技术、新方法,开展"立地式"研发,成为"三能"教师,其中"立地式"研发能力是体现职业教育高等性的关键。

例如,山东省教育厅关于印发《山东省中等职业学校教师公开招聘实施办法(试行)》与《山东省高等职业学校教师公开招聘实施办法(试行)》(鲁人社发〔2013〕44号)的通知中第七条对中高职教师应聘人员提出了不同要求:中职教师一般应具有3年以上所需专业工作经历、三级以上职业资格(高级技工、助理工程师)或助理以上非教师所需系列专业技术职务。在专业教师紧缺的情况下,允许教学急需但没有教师资格证的专业技术人才参加学校招聘。全国职业技能竞赛二等奖以上、全省职业技能竞赛一等奖以上的优秀选手,并获得高级技工以上技术等级证书的,可直接应聘高级技工学校、技工学校的实习指导教师岗位。高职教师一般应具有3年以上所需专业工作经历、非教师所需系列中级以上专业技术职务或二级以上职业资格(工程师、技师)。具有工程师及以上专业技术职务资格、技师及以上职业资格证书的人员,可直接应聘专业教师和实习指导教师岗位[1]。

---

[1] 关于印发《山东省中等职业学校教师公开招聘实施办法(试行)》、《山东省高等职业学校教师公开招聘实施办法(试行)》的通知.http://blog.sina.com.cn/s/blog_65992fc40101gdz7.html

三、加强师资队伍建设，注重教师培养培训

（一）开展多种形式的培养培训

1. 开展校本培训

校本培训是由学校主动发起和组织，为满足学校和教师发展目标需求而开展的教师培训。包括：结合教育热点和教学实际，针对学校共性"问题"，聘请高校学者和行业专家开展的专题讲座；通过组织校际之间教师教学交流，获取先进的教学理念与教学方法的考察学习；根据不同时期教师继续教育任务，在学校集中进行的专项培训；聘请本校、外校专业带头人、骨干教师、专家等定期听课、评课，对青年教师和新进教师进行的名师指导；让有特长的教师培训无特长的教师，如让实践经验丰富的专业教师与青年教师结成师徒关系的教师互训；组织分层次、多形式的学校内部教师之间、校际之间的教学观摩；以专业教研室为单位，定期进行有关教学管理、教学体会方面的小组研讨；利用学校的科研资源优势，学校与企业、科研机构合作进行课题研究。

2. 教师到企业实践的专业培训

促进高校和行业企业签订协议，共建校企联合培养"双师型"教师的培训基地，通过校企合作形式进行"双师型"专业教师队伍建设，内容包括：一是带着任务到企业参与生产锻炼，了解产业发展趋势、企业的生产组织方式、工艺流程等基本情况，并鼓励教师在企业获得行业资格证书；二是熟悉企业相关岗位（工种）职责、操作规范、用人标准及管理制度等具体内容；三是学习所教专业在生产实践中应用的新知识、新技能、新工艺、新方法；四是结合企业的生产实际和用人标准，不断完善教学方案，改进教学方法，积极开发校本教材，切实加强职业院校实践教学环节，提高技能型人才培养质量；五是参与企业的横向课题及新技术研发等业务，提高教学团队研发能力与技术服务能力。职业院校文化课教师和相关管理人员也应定期到企业进行考察、开展调研，了解企业的生产情况及其对职业教育的需求，以不断改进职业院校的教育教学和管理工作。

3. 选派教师参加各种校外培训

职业院校应在《国务院关于大力发展职业教育的决定》和《国家中长期教育改革和发展规划纲要》的精神指导下，积极开展各种形式的继续教育和培训工作，选派教师参加国家、省、市各级别的教师培训，还可选送一批优秀教师、管理干部赴职业教育先进国家考察学习，拓宽国际化视野，学习职业教育新的教学与管理理念及特色的办学经验。

（二）深化人事制度改革、加强考核管理

我们应根据职教特点和学校实际，深化人事制度改革。对专任教师队伍建设采取分类聘用、引进、培养相结合的措施，打造校企互通、专兼一体化的"双师"结构的教学团队。

1. 全面推行教师聘用制

要破除职务终身制，引入竞争机制，签订聘用合同，把聘用制作为职业院校的基本用人制度。主要从师德、专业知识、技能、学历等方面，基于不同的侧重点分别对文化课教师、专业课教师和实习指导教师进行审核，确保职教师资队伍的资质，坚持教师资格证书制，实行教师聘任制。

2. 强化岗位管理

要用岗位管理取代身份管理，科学设岗，按岗聘用；竞争上岗，以岗定薪，严格考核。合理地设置教师岗位，择优聘任，对教师职业道德差、专业技能不强、不能胜任岗位要求的人员不予聘任，逐步建立固定岗位与流动岗位相结合机制。实行中高职教师定期轮岗制，使职业教育教师了解并熟悉中高职教育环节的内在联系和标准要求。

3. 拓展教师引进渠道

（1）多渠道引进优秀人才担任专职教师

学校应积极改革用人制度，可由各系部根据专业紧缺性师资情况上报计划，经学校综合考虑制订人才引进方案，实现用人编制的动态管理与定期调整。吸收专业对口的高学历毕业生；引进具有工作实践经验又能跟踪专业发展趋势、具有相当文化基础、符合教师资格要求的能工巧匠和技术专家担任专任教师、学科带头人和骨干教师等，积极使教师配备适应学校职业教育事业发展的需要。

（2）多渠道吸引专业技术人员和高技能人才兼职任教

坚持进行由企业一线专家及能工巧匠组成的具有一定行业影响力、工程实践能

力强的兼职教师资源库建设。从行业企业聘请兼职教师，有利于加强职业教育与生产实践相结合，可极大地提高实训环节的教学质量和技能训练水平；有利于职业院校合理利用社会资源，对于职业教育办出质量和特色具有积极的促进作用。学校应本着"不求所有，但求所用"的原则，打破学历限制、身份限制，吸引和鼓励企事业单位工程技术人员、管理人员和特殊技能人员，到学校担任专业课程、实践课程和企业文化课程的教学与指导任务兼职教师，并对兼职教师实行合同管理，聘用期间享受并履行合同规定的权利和义务。

4. 鼓励并支持学历培训

可能基于职称评审、干部选拔、骨干教师培训等竞争因素；或者是基于近年来研究生批量性引进对在职的本科教师产生一定压力的环境因素，职教教师对学历进修一直趋之若鹜。职业院校应该鼓励并支持教师参加各种形式的学历培训，并出台一系列的规章制度或给予相应的优惠待遇，为教师提升学历创造条件，如报销学费、优先评聘职称等，以提高教师自身知识水平，加强其理论修养。

5. 逐步改革完善收入分配制度

学校应根据自身的特点，将收入分配与岗位职责、工作业绩和实际贡献紧密联系，建立形式多样、自主灵活的分配激励机制；制定科学合理的工作考核办法，将教师教书育人质量的考核形成规范化、制度化、科学化的评价体系；并制定合理奖励办法，向一线教师倾斜，鼓励教师按现代职业教育理念培养人才。

6. 建立教师定期到企业实践制度

通过参与企业生产实践提高教师专业能力与执教水平。将教师参与社会技术服务工作制度化。对专任教师的企业经历提出严格要求，例如，要求专业教师每年必须下企业锻炼2个月以上，促进其及时了解最新技术信息和提供技术服务，强化其生产实践能力；积极承担企业项目开发和横向课题研究，提高其科研与技术革新能力；寻求专业所需的企业技术骨干和能工巧匠，通过校企双向兼职，形成专业建设"双带头人"制度、课程建设"双骨干教师"制度。

第九节 推进产教合作对接，强化行业指导作用

《中华人民共和国职业教育法》第二十三条规定："职业学校、职业培训机构实施职业教育应当实行产教结合，为本地区经济建设服务，与企业密切联系，培养实用人才和熟练劳动者。"产教合作是职业院校实现人才培养目标的重要依托。职业院校教学质量的提高、特色的形成、品牌的打造都离不开企业的广泛参与，而企业也需要职业院校为其提供人才资源支撑与技术支持。因此，产教对接、校企合作具有广泛的空间，更具有密切合作的愿望与需求。同时产教合作还需发挥行业指导作用，行业主管部门和行业组织应开展本行业各级各类技能型人才需求预测，参与中等和高等职业教育专业设置和建设，指导人才培养方案设计，促进课程内容和职业资格标准融通。

一、产教合作的原则

（一）动态适应产业需求

即坚持以企业需求为本，以岗位需求为核心的原则；坚持来自企业，用之企业的原则。高职要对接产业链、产业集群形成专业链、专业群，建构与产业良性互动的、高效的、有竞争力的专业体系，使办学具有"源头活水"，虽然在专业与产业的互动中，产业发展的需要始终居于主导地位，但是职业院校办学应具有一定的社会应对力，使得专业培养目标、培养方向的调整具备快速反应与快速适应能力。

（二）融入中凸显特色

职业院校的专业建设应更多地接地气，要及时、准确地将产业要素、企业要素、实践要素、时代要素等融入到专业人才培养的全过程，并通过开放的办学环境打通这种融入的渠道，在此基础上，通过专业的错位发展、差异发展、优势发展，在办学实践中开展特色专业建设，逐渐培育并形成职业导向鲜明、具有专业个性乃至唯一性的人才培养特色。

（三）教学中彰显人本

从学生角度出发，把产教合作的成果最终聚焦在课堂上，真正把课堂教学作为学校教学质量的生命线，作为学校品牌的生命线，要通过教学方法的创新，形成彰显职业教育内涵的课堂生态，真正体现以学生为中心的职业教育价值追求。同时也使课堂成为发现问题、触发改革的重要源头，从课堂教学改革入手思考专业建设的内容、方法与途径，使职业教育更具动力、活力和生命力。

（四）协同中利益共享

职业院校教学质量的提高一定是伴随着校企合作的深化与发展的。坚持企业支持学校，学校支撑企业，利益相关，共同发展的原则，不断深化校企合作，使其从松散走向紧密，从借力走向合力，从趋同走向协同，并积极探索校企利益共同体的建设，使学校专业建设的理论体系、平台架构与实践模式逐步契合区域经济的发展特征。

（五）强化社会服务功能

考虑到未来生源形势的日趋严峻，职前职后教育一体化的发展思路将有助于职业院校拓展办学空间，提升办学资源效益，职业院校应充分利用自身的办学优势，向社会开放学校优质教育资源，参与以劳动者职业发展为目标的职业继续教育与培训，积极参与社区教育，打造培训品牌。同时更应强化科研服务功能，通过向企业提供优质的科研服务，彰显职业教育的社会服务功能，这也是铸造职业教育品牌的必然之路。

二、产教合作的办学模式

（一）共建型合作模式

1. 基地共建模式

学校的系或专业与入驻学校从事生产经营活动的企业进行合作，利用企业的设备和技术投入，共同建设实验实训室或生产性实训基地，在对学生开展教学训练的同时，也为合作企业培训员工。该模式不仅能为学校提供优质的教学资源，还可为学院教师与企业技术人员开展技术研发建立平台。例如，潍坊商校与潍坊田润物流合作，共同投资300万元，成立了田润物流有限公司，建成潍坊最大的物流信息交流中心，2009年双方共同研发了物流软件产品——"货运通"全国公共物流信息平台和"定位宝"定位管理服务系统，并都获得了国家专利[①]。

2. 文化共建模式

在制度建设方面，职业院校应在行政管理、教学管理和学生管理等方面引入现代企业管理办法，在制度层面营造企业管理的文化氛围；在质量管理方面，校企共同建设质量管理体系，校企专家组成督导组，参加学院日常、期初、期中、期末教学检查，构建集"学生评价、同行评价、督导评价、企业评价、日常检查、随机检查、全程考核"于一体的教学质量保障体系。同时，学院还应在企业的积极参与下，定期进行毕业生跟踪调查，了解毕业生的适应和发展情况及评价，为学校深化教学改革提供依据。总之，学校应以社会化、企业化、开放性的方式引入企业文化，使学生在学习、生活中获得潜移默化的影响。

（二）专业实体化模式

职业院校依托骨干专业与区域内的合作企业成立股份制实体公司，实行"股份制"运营，将生产性的实践活动与教学活动进行有机整合，将技术创新、人才培养和社会服务有机整合在一起，可有效解决学校办学资源不足的困境，以实现企业利

[①] 校企合作之路 助学校健康发展 http://www.moe.gov.cn/publicfiles/business/htmlfiles/moe/s7739/201311/160046.html

益和学校利益的双赢。为保证公司的生机与活力，学校应坚持"谁投资，谁管理，谁受益"的机制，努力把实体公司办成职业院校快速发展的新增长点。

（三）校企一体化办学模式

与企业联合办学，培养技能型实用人才，通过一体化办学模式，搭建共同规划、共同建设、共同管理、共享成果、共担风险的校企融合平台，实现办学实体一体化、管理一体化、人才培养一体化、师资构成一体化、校企文化一体化，通过校内、校外实训基地的交替教学来实现学生的技能训练与能力培养。例如，湖南电气职业技术学院与湘电集团旗下分、子公司共同组建"湘电电机学院"、"湘电风能学院"和"海诺电梯学院"等校企利益共同体，学院实行理事会领导下的院长负责制，校企双方共同确定培养目标，制订人才培养方案，确保学生学习期间四分之一的时间进入公司实训。其中湘电电机学院建立了"管理、技术、车间"三支企业教师团队，管理团队由企业管理人员构成，主要负责学生职业素质培养和实训管理；技术团队由企业技术人员构成，与学院教师共同参与专业技术教育和毕业设计；车间团队由企业生产一线的技师构成，主要负责学生技能培养[①]。

（四）联合培养模式

1. 成立社会培训中心

随着国家产业结构调整、技术升级和城乡一体化发展，企业急需大量的新型技术人才，城乡各类转移劳动力的就业问题日显突出，技术培训需求剧增，承担社会培训成为职业教育的重要职能。职业院校可依托自身的教育资源优势，并充分利用企业技术与设备资源，改善学校的运转模式，争取上级的支持，成立社会培训中心，承担社会培训，满足经济社会转型需要。可充分利用两个假期和双休日，向企业和社会开放学校教育资源，结合企业的培训计划，为企业进行员工的岗前与岗后培训。

2. 师资融合模式

职业院校每年应派专业老师到合作企业进行学习锻炼，学习企业的先进理念与先进技术，了解企业的需求，提高自己的动手操作能力；专业教师还应利用业余时间为企业提供技术服务，帮助解决技术难题，并与企业技术和管理人员一起指导学生顶岗实习；专家型教师还可常驻企业，直接负责企业的生产过程管理和技术创新，

---

①校企文化立体融合 提升学生职业素养［N］.中国青年报,2013—10—22（5）.

同时了解各职业岗位的知识能力需求,牵头专业人才培养方案的制订。同时,学校也可邀请合作企业专家到学校讲课或作报告,使学生提前了解企业,以企业的要求来约束自己,督促学习;从企业聘请技术专家担任兼职教师,尤其是很多新兴专业和前沿专业的教师均应由直接从行业企业聘来的技术专家担任;并安排技术专家、管理人员担任学生实习指导教师。例如湖南电气职业技术学院从湘电风能研究所、湖南海诺电梯有限公司、湘电电机事业部选聘了一批高级管理和技术人员作为风力发电、电机与电器、机电一体化等重点专业的专业带头人,实行"专业双带头人制",并制定了"双师结构"教学团队建设办法和教师下厂锻炼等教师培训制度[①]。

3. 教学融合模式

在教学方面,校企合作实施人才培养,企业选派优秀的企业专家、工程技术人员,全程介入专业设置、人才培养规格确定和课程教学等,形成校企共建专业、课程标准、实践教学方案和专业人才培养方案模式。

(1)校企共建专业

通过校企共建专业将企业文化渗透教学中,培养学生职业素养,培养生产建设一线急需的高素质技术技能型人才。在行业企业专家的共同参与下,学校能够围绕区域产业办专业,大力调整优化专业设置,形成特色专业与优势专业群,并能够在所有专业课教学中有效融入爱岗敬业、团队合作、创新意识等企业文化,培养学生敬业乐群的职业精神,增强职业认同感和职业道德感。此外,还应建立由行业或企业专家参与的专业教学指导委员会,共同商讨专业的设置和调整,完成各专业人才培养规格的确定与人才培养方案的审定等工作。

(2)校企共建课程

校企合作共同开发课程、共编教材,引入先进的教学理念,创新课程体系,提升专业办学水平。学校专业教师团队与企业专家合作共同开发课程内容,根据工作岗位(群)任职要求和职业技能标准,以开发工学结合课程为主线,共同重构模块化、项目式、任务型的课程内容体系。同时,有意识地将企业文化相关内容渗透到教学内容中,将企业真实职业岗位的知识能力要求融入课程标准和教学内容,以企业真实项目和产品为导向设计课程。通过校企共建课程的引入,实现学生能力水平的提升,促进学生定向就业。

---

①校企文化立体融合 提升学生职业素养[N].中国青年报,2013—10—22(5).

（3）发挥行业指导作用，教学内容对接职业标准

行业主管部门和行业组织应发挥其指导作用，开展本行业各级各类技能型人才需求预测，参与职业教育专业设置和建设，指导人才培养方案设计，促进课程内容和职业资格标准相融通。从某种意义上来说，职业标准可被直接或改造后作为教学标准，从学生角度来说，则可被视为学习标准；职业院校教师可以在行业组织的指导下，对照职业标准的各项要求，确立职业教育课程的具体内容。例如中职学校的旅游服务与管理专业在进行景点讲解教学时，可以参考行业导游资格证考试中的景点讲解的评分标准，这既是行业的职业标准，也可作为教学标准，做到课程内容与职业标准对接。

职业院校教学中要实现"课程内容对接职业标准"，专业教师应该做到：一是熟悉职业标准。我国的职业标准是由人力资源和社会保障部组织制定并统一颁布，是对从业人员工作能力水平的规范性要求。职业院校教师一方面要学习国家职业标准，另一方面要深入行业、企业和生产岗位一线，直接熟悉岗位职业标准，这是现代职业教育对教师的基本要求。二是有意识运用职业标准。不仅熟悉职业标准，还应在教学中有意识地运用职业标准，将职业标准引入到课程内容中来。三是善于利用职业标准。国家职业标准是我国职业教育课程开发的重要依据，专业教师在开发职业教育课程时，要善于利用职业标准[①]。

（五）联合研发模式

产业升级与调整离不开技术进步与技能人才的支撑。职业院校应依托自身的师资和专业优势积极开展产学研合作，共同开展技术研发，以提升职业教育支撑产业发展的服务能力。职业院校应积极推进产教合作模式创新，在不断提高产业人才培养质量的同时，利用学校的科研优势，与行业企业和科研院所共同构建研发平台，为企业在产品开发与生产等方面提供服务。学校提供办公场所和实验条件，企业支付一定经费，充分整合并发挥各方人才、技术、设备、信息等的优势，把企业生产中的技术难题作为科研课题，共同研究、开发新技术、新产品，科研成果在同等条件下优先转让给合作企业，既可解决企业的技术难题，又可提高校企协同研发、协同创新的能力和水平，更可推动区域产业结构的优化与调整，提升产业社会经济效

---

① 何文明. 教学如何对接职业标准 2013-10-08 http://www.moe.edu.cn/publicfiles/business/htmlfiles/moe/s5148/201310/158117.html

益，最终提升产业竞争能力。例如九江职业技术学院船舶工程技术专业与江西江州联合造船共同开发的12000吨重吊船通过省重点新产品鉴定，在学校支持下该公司设计工艺所（技术中心）被认定为首批九江市市级企业技术中心，促进了企业快速发展[①]。

（六）集团发展模式

集团化办学模式是将政府、行业、企业、学校、科研机构、社会组织等主体有机地整合在一起，多方合作组建职教集团，走规模化、集团化发展之路。在当地政府的支持下，职业院校应牵头组建区域性职教集团，打造职业教育的航母，以点对点、面对点、点对面等多种方式开展产教对接、校企合作，推动职业院校、企业与行业的协同发展。

三、产教合作的人才培养模式

1. 顶岗实习

这是最广泛、最普遍的人才培养模式，校企联手，建立校外实习基地。依据教学计划、教学内容和实习标准要求，并根据企业生产经营实际，校企双方共同研究制订顶岗实习计划，学生进驻企业，边顶岗生产边学习，通过工学交替完成学业。校企双方共同对学生进行管理、指导和考核评价，确保学生顶岗实习效果。企业可为学生支付劳动报酬，并择优录用毕业生。顶岗实习模式是学生职业素质养成、职业能力提高的有效保障，也是实现学校与企业"零距离"对接的重要环节。职业院校应与区域内规模大、条件好、管理规范的企业签订顶岗实习协议，开展长期的学生实习工作。按照职场体验、实境训练、顶岗历练的人才培养目标，实现学生在各个教学阶段灵活地参加企业实践的目的。通过顶岗实习进行"真刀真枪"的磨炼，加强学生职业素养教育，培养其敬业爱岗精神。

2. 订单培养

订单培养是职业教育校企合作人才培养的普遍模式。企业提出人才培养标准、培训计划，承担培训资金，并选派专家定期授课。学院按企业用人标准进行培养，

---

①政行企校齐发力 校企合作入佳境［N］.中国教育报,2013—11—5（5）.

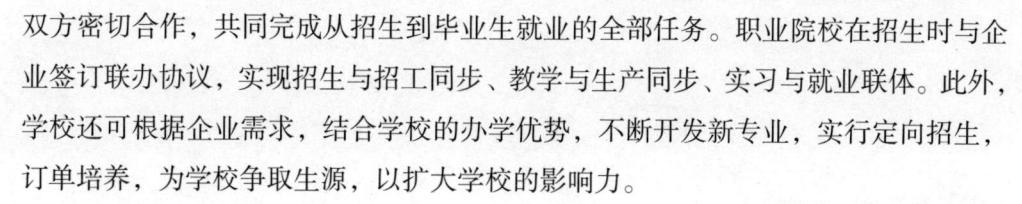

双方密切合作，共同完成从招生到毕业生就业的全部任务。职业院校在招生时与企业签订联办协议，实现招生与招工同步、教学与生产同步、实习与就业联体。此外，学校还可根据企业需求，结合学校的办学优势，不断开发新专业，实行定向招生、订单培养，为学校争取生源，以扩大学校的影响力。

3. 现代学徒制

现代学徒制是落实职业教育面向人人、面向社会的一种探索，是职业教育校企合作不断深化的一种新形式，是在传统学徒制基础上增加学校教育因素的一种职业教育。传统职业教育的育人责任和就业风险均由学校承担，而现代学徒制则是校企共同负责培养、共同承担风险，其突出特征是招工即招生，解决学生的员工身份问题，不再简单地把顶岗实习的学生叫做"学徒工"，而要视作企业在为自己培养"员工"，以真正激发企业的责任感。同时，校企共同制订培养方案，各司其职，各负其责，各专所长，分工合作，共同完成对学生（员工）的培养。实现教室与车间、学生与学徒、教学过程与生产流程、教师与师傅、作品与产品、评价与标准、操作与工艺、知识与技能的紧密结合。例如，浙江北仑高级职业中学积极实践现代学徒制，制订了学校现代学徒制实施方案，强调以企业用人需求与岗位资格标准为服务目标，以校企合作为基础，以学生（学徒）的培养为核心，以课程为纽带，以工学结合、半工半读为形式，以学校、行业、企业的深度参与和教师、师傅的深入指导为支撑，强调"做中学、学中做"。校企合作双方以及学生通过协议明确三方权利和义务，明确学生和学徒的双重身份，重点做好学校和企业的双元培养、教师和师傅的双重指导工作[1]。

---

[1] 政行企校齐发力 校企合作入佳境［N］.中国教育报,2013—11—5（5）.

第十节　发挥职教集团作用，促进校企深度合作

引导和鼓励中等和高等职业学校以专业和产业为纽带，与行业、企业和区域经济建立紧密联系，创新集团化职业教育发展模式。切实发挥职业教育集团的资源整合优化作用，实现资源共享和优势互补，逐渐形成教学链、产业链、利益链的融合体。

一、职业教育集团化

职业教育集团（简称职教集团）是以多方受益为基础，由政府、企业、行业组织、学校、社会（社区、园区等）等多方共同参与举办职业教育，通过优势互补、资源整合，加快职业院校结构调整，做大做强职业教育所选择的一种重要方式与途径。我国组建职教集团的实践起步于20世纪90年代初。20世纪90年代中期以来，北京、上海、江苏、浙江、山东、河南等地职教集团发展较快，一些职教集团正在引领职业教育走向健康快速道。至2009年，这些省市由"政府主导"已建和在建的职教集团数量已达到325个。

二、集团化办学的前提条件

职业教育集团化办学可以突破职业教育发展的障碍，使其走上快速发展之路。但由于职业教育集团涉及政府部门、中高职学校、行业与企业、中介咨询研究机构等多个主体，成立职业教育集团的前提条件是多个主体的支持与配合。

（一）以政府为主导

集团化办学涉及政府、行业组织、企业、学校多方利益，它是一种体制性、制度化的变革，只有通过政府制定并健全法律法规，吸引社会各方力量特别是一些大型产业集团作为主体联合各方力量组建职业教育集团，并明确集团内部各成员的职责与权益，均衡并保障各方利益，对有条件建立促进中高职衔接的职业教育集团给予支持，加大对中高职教育的统筹发展力度。此外，政府作为职业教育集团化的主要受益者之一，应加大对职业教育的资金投入。例如，浙江省率先出台了《关于深化"工学结合校企合作"人才培养模式改革，推进职业教育集团化办学的意见》，提出设立校企合作和集团化办学专项经费，对企业接受学生实习、购买商业保险、委派兼职教师、建立"厂中校、校中厂"实训基地、接受教师挂职锻炼等各方面给予资助。

（二）以行业为指导

职业教育集团化办学离不开行业的指导，各类行业组织与政府、企业、学校和社会有着广泛的联系，通过行业协会的加盟，利用行业协会与企业的特殊关系来加强职业院校与企业的合作，使校企合作演变成为学校与行业的全面合作，还可以有效地吸引社会资金特别是行业企业的资金兴办职业教育，更多地调动社会力量参与职业教育的办学，扩大职业教育的优质资源，这种全面合作是职教集团的基本特征。集团式合作几乎可以覆盖行业内所有的技能型人才需要，为行业提供与产业发展需求相对应的人才培养以及行业内员工的全方位培训与学历进修。因此，职教集团应该与相关行业组织建立密切合作关系，相关人员可以加入到集团机构中，最终形成行业企业与职教集团相互依赖、共生共存的局面。

（三）以校企联合为途径

集团化办学是将多所职业院校、多家企业融于一体，最终目标是解决校企有效合作问题，是在新的平台上重建校企合作的纽带。集团内不同企业的实验条件和实习基地可以共享；内部的行业和企业可以为学校提供兼职教师，学校可安排教师到行业和企业进行挂职实践；学校可以更加贴近企业需求培养人才；学校可广泛地与企业联合开发新产品、新技术，推广科研成果，但是，提高企业的参与比例是职业教育集团能否切实发挥作用的关键。因此，保障企业的利益，满足其在人才与技术方面的需求，成为当前急需解决的问题之一。职业院校必须放下身段，切实与企业

合作，为我所用的同时，还能够为企业提供所需要的服务，如技术服务、人才服务、培训服务等。

（四）发挥职业院校的资源优势与服务作用

职业教育集团化办学，职业院校是基础。充分利用集团内职业院校的优质教育资源为企业和经济社会发展提供优质服务，是职教集团建设的重要体现。职业院校应树立大局观念和服务意识，加强内涵建设，改善教学条件，提升教学水平，提高人才质量。集团内部各职业院校之间更需要在教学资源共享、师资培训、招生就业、新专业开发论证、课程体系构建、科研立项等方面开展合作交流，在此基础上，形成合力，为企业提供优质服务。内容包括：一是搭建资源共享平台，为企业在院校创建"校中厂"等形式的生产性实训基地，为弘扬企业文化、宣传企业品牌提供服务；二是搭建信息技术交流平台，为企业提供以提升技能水平为目标的技术应用服务，并为企业管理、技术革新、产品研发等提供信息交流服务；三是搭建企业员工培训平台，打造区域性、共享性的企业员工培训基地，为企业开展教育培训服务；四是搭建技能鉴定服务平台，为企业职业资格准入、持证上岗提供技能鉴定服务。

（五）构建有效的集团管理体制与监督机制

从经济学范畴来讲，"集团化"是以提升各方竞争力为目的，对人力、物力、财力、智力等资源进行整合与共享，以实现优势互补、资源配置最优化，达到经济效益最大化。因此，职教集团作为一个多方参与、多方共赢的合作体与共同体，为实现共同目标，需要建立完善的集团内部互相监督机制，政府对集团执行的监督机制，以及中介科研机构对集团的监督与反馈机制等。职教集团还应该建立教学管理工作小组，制定相关教学管理文件，建立中高职系统培养联合教研室，统筹规划实训基地和师资队伍等资源，共同探索中高职衔接专业的教学标准，同层次同专业课程的学分互认，职业教育与岗位培训的联动发展等问题。

三、集团化办学的有效运作模式

职业教育的协调发展离不开教育主管部门的行政推动，但具体工作却不宜由政府组织实施。可充分利用职教集团内部中高职院校间合作的组织优势和长期业务联

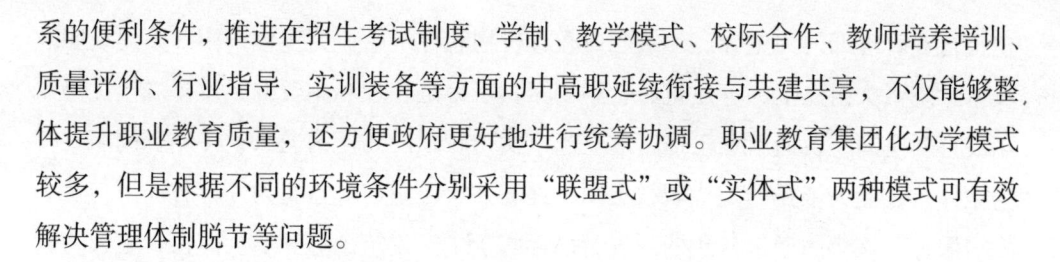

系的便利条件，推进在招生考试制度、学制、教学模式、校际合作、教师培养培训、质量评价、行业指导、实训装备等方面的中高职延续衔接与共建共享，不仅能够整体提升职业教育质量，还方便政府更好地进行统筹协调。职业教育集团化办学模式较多，但是根据不同的环境条件分别采用"联盟式"或"实体式"两种模式可有效解决管理体制脱节等问题。

（一）"实体式"职教集团

其内部一般具有"血缘关系"，适合于某一行业牵头，建立不同的教育组织机构，形成彼此相对独立、相互有利害关系的教育体系，还可以参照现代企业制度的方式，探索集团董事会制度，使职教集团真正成为紧密型办学实体，组建决策机构、执行机构和监督机构，明确各参建院校和企业单位的责、权、利，打破高职与中职、学校资源与社会资源的界限，有效推进资源整合。例如，《关于组建省级职业教育集团的意见》（鲁教职字〔2005〕8号）中规定：集团内"理事单位之间的教育和经济业务往来，可以通过协作、参股、转让、托管、租赁等多种方式进行"。通过扩大职教集团统筹权和管理权，使国有行政事业性资产向国有经营性资产转变，使集团通过产权的资本运作过程过渡到实体性联合，但是，目前在传统的政府领导体制下所建立的"实体式"职教集团难度较大，在管理的隶属关系跨越、产权界定、学校不同性质与类型之间的融合等问题的解决上难度较大。但是可以探索实训基地的股份制运作，在实训基地的建设上，可以以"厂中校、校中厂"为载体，通过学校、企业共同设计、共同投资、共同建设、共同使用，实现资本的联合和资源的共享。通过股份制运作，明确各成员单位所有权比例及成员单位各方的权利与义务分配，按照资金、房屋、土地、实验设备等明晰各成员单位的投资股份，真正实现校企双方双赢。

（二）"联盟式"职教集团

社会个体组织基于不同的隶属关系，在不改变产权性质的情况下，在不同性质与类型的学校与企业之间建立利益共同体，实现职业教育与经济企业的共赢发展。《关于组建省级职业教育集团的意见》（鲁教职字〔2005〕8号）中规定："职教集团是由职业院校、行业协会和相关企事业单位自愿组成的产教联合体，不具有事业单位法人资格。凡具有独立法人资格的职业教育机构、行业协会和企事业单位均可加入集团，成为集团理事单位。"例如，2005年江苏省以教育行政部门为主管、建筑行业管理部门为主导、建筑职业教育机构和建筑企业为主体，由江苏建筑职业技术学院牵头组建了江苏建筑职教集团，其宗旨是合理利用资源，发挥规模优势，拓展办学空间，疏通就业渠道，建立起以实力较强的高职为龙头，中职、高职院校为主体，企业为依托的现代职教集团，提高办学质量与效益，为江苏省经济与社会发展服务。该集团通过几年的发展，已拥有111家建筑企业和职业院校，学校与企业联合组建了员工培训中心、技术研发中心、产品设计中心等多种平台，进一步增强了服务企业的针对性和有效性。

四、集团化办学的衔接设想与措施

通过集团化办学，全面考虑中高职教育的特色及目前存在的问题，实现中高等职业教育的有效衔接。可以从标准化、系统化的角度出发，建立一个包括衔接目标、内容、形式、途径与方法等几个方面在内的相对完整而全面的衔接措施体系，并使该体系经各方面的配合而实现自我调节，最终使它成为一个不断改进的开放系统，以适应经济社会的发展需求与挑战。

（一）衔接设想

职教集团应涵盖中职、高职、职前与职后教育、学历与非学历教育、学历证书教育与资格证书培训等职业教育的多个类型与层次，系统构筑起一座集人才培养、培训和服务的一体化、上下贯通、左右联系的"立交桥"，通过有效的相互协调机制，形成政府、学校、企业及相关社会团体之间紧密的合作伙伴关系，使得集团内部学校之间"错位发展"；并利用集团自身的人才和技术优势，促进中高等职业教育在各自层次上协调发展。

职教集团的组建是依托行业企业发展，实施职教体制创新的一个重要举措，可以通过统筹采取五年一贯制、"三、二"分段式等多种中高等职业教育连读培养形式，在职教集团内部实现中高等职业教育在专业设置、办学层次、教育内容、人才培养规格等多方面的衔接与沟通，弥补因办学层次、学制和课程结构配置的缺失而造成的课程设置重复。更可实现中高职学校资源共享、优势互补，形成高水平技能型人才培养链。在职教集团内部，中高职院校与企业、行业共同统筹规划中高职教育办学方向，根据市场需求调整专业课程设置，重点建设与区域经济发展相适应的特色专业，可以通过"订单式"培养模式实现高水平技能型紧缺人才的阶梯式培养，切实提高毕业生"双证书"通过率和"双师型"教师达标率。

职业教育是一项投资成本远大于普通教育的教育事业，但是集团化办学可以成为一条有效集约资源的途径。通过建立中高职相互衔接的职业教育集团，赋予校企合作新的内涵，集团化的校企合作模式由"一对一"或"一对多"变为"多对多"，这种新的合作模式可以解决一系列中高职衔接的资源需求问题，如实训实习基地的重复建设与基地实际使用率不高等一系列问题。总之，通过集团化办学，可以使集团内部的中职与高职院校经过统筹协商，共同与企业合作建立实训实习基地，避免资源空置与浪费，使合作双方获得更大收益。

（二）衔接内容

职业教育实现集团化办学需要做好两方面的衔接：一是职教集团内部的职业院校之间的层次衔接，即中职与高职教育的衔接，以及职业教育与普通教育、成人教育等的衔接；二是外部衔接，即职业院校与行业、企业之间建立相对稳定且紧密的合作关系，以实现资源互补，配制优化。其中，建立职业教育集团内部的中等与高等职业教育的衔接，是实现职业教育集团化办学的关键。集团化办学赋予了校企合作新的内涵，校企合作变为包括中职与高职在内的多所学校与多家企业的同时合作。

（三）衔接途径

通过集团化的办学优势，可以实现全日制学历教育、非学历或非全日制教育两种途径的有效衔接。其中，学历教育衔接包括中职与高职的衔接，及其更高层次的衔接，从长远来看，职业教育集团化办学应该包括职业中专、职业大专、职业本科、职业研究生等不同层次的职业教育类型。集团化办学的非学历或非全日制教育方面的衔接包括职业技能认证或培训的衔接，中职教育与函授、成人教育的衔接等。

（四）衔接评价

在提出与实施集团化办学衔接内容与途径之后，还需要评价衔接的实效性。一是从学生方面看其是否顺利毕业或升学。评价要素包括就业后获得的社会认可程度调查、学生家长的满意度调查、学生工作后能否再次获得升学机会等。二是从学校方面看其是否培养出合格的学生。评价要素包括学生的升学率与就业率、社会（含企业）对学校的满意度等。三是从企业及用人单位方面看其在与学校的合作中是否获得预期回报，学校是否满足了企业及用人单位对毕业生的需求等。四是从社会效应方面看集团化办学的衔接模式是否给社会上中高职衔接的研究与实践带来示范作用，并切实带动了学校与教师、学生与家长、企业（包括用人单位）及社会与学校的良好互动。在具体评价时，需从上述四个方面进行综合考虑后，制定出相对具体的实施细则，作为该衔接模式成功与否的评价标准。

（五）衔接整改与再实施

在评价衔接成效的基础上，提出改进方法，调整与修改集团化办学衔接体系中的各具体要素，形成新的衔接方案，并组织集团成员和专家对新方案进行可行性论证，最终开始新一轮的衔接实践。

（六）探索高职本科教育，形成完善的职业教育培养体系

职教集团应探索举办 4 年制高职本科教育，创造条件联合大型企业与本科院校合作办学探索培养专业硕士，构建高技能人才培养的向上延伸路径。形成中职、高职专科、高职本科、专业硕士一体化培养，通过职教集团的集中统筹、科学定位与合理分工，构建专业课程设置的有机衔接、教学资源的统筹利用、职业资格和技术等级的逐级提高、职业资格标准接轨的技能型人才培养体系，形成一个有梯级、有延续的较为完善的职业教育学制系统。

总之，职教集团应担负起根据产业人才培养的需要探索大职教运行模式的责任，不断创新运作机制，将职前与职后、学校与企业、教学与实习、教育与就业、中职与高职专科、本科、专业硕士等相关要素紧密联系起来，促进开放、灵活、顺畅的高技能人才培养体系的真正形成。

第七章 我国中高等职业教育协调发展的对策

第一节　发挥高等职业教育的引领作用以带动职教体系重心建设

鲁昕副部长在"引领职业教育科学发展，系统培养高端技能型人才"的主题报告中讲到："高等职业教育处于技能型人才培养的高端，对职业教育的人才培养和教育教学具有引领和导向性的作用"，同时对高等职业教育进行了重新定位，即高等职业学校要在现代职业教育体系建设中发挥引领、示范和骨干作用，重点培养高端技能型人才，这对以后我国高职教育的发展意义重大。

一、发挥高等职业教育引领作用的意义

（一）提升职业教育对国家经济社会发展的贡献能力

高等职业教育要坚持培养高端技能型人才的基本定位，在服务国家发展战略方面引领职业教育科学发展，提升对国家经济社会发展的贡献能力。具体应该在促进教育事业科学发展、提升劳动力素质和就业能力、有效缓解劳动力结构型失业压力、促进经济增长与发展、提高财政收入增收能力、支持城市化进程中农村劳动力转移等方面发挥其他教育类型不可比拟的作用。

（二）在区域经济发展中引领职业教育科学发展

为区域经济发展培养技能型人才是职业教育发展的根基。区域经济结构中的产业结构、技术结构和劳动力结构以及经济效益等决定和制约着职业教育的层次、类型结构、质量和发展速度。职业教育要根据区域产业调整方向和技术发展的一般趋

势及地区经济发展潜能,规划不同类型和不同层次的劳动力群体,在专业设置上要面向区域经济发展特点进行调整与更新,既要考虑到区域分工中的主导产业和重点发展领域,也要坚持就业无边界的人才自由流动原则。因而依托本地的经济资源和实力,并服务于区域经济建设,就成为高等职业教育引领职业教育科学发展不容置疑的一个服务目标。

(三)在内涵建设方面引领职业教育科学发展

中国高等职业教育经过几年的质量工程、示范校、骨干校建设走出了一条与发达国家不同的创新发展道路,在办学实力、管理水平、教学质量、办学效益和服务能力、辐射能力等方面有了长足进步,特别是在探索多元办学模式、提高资源整合能力、建立与行业对接协作机制、深化教育教学改革、建设高水平双师型教学团队、创新人才培养模式、提高社会服务能力、创建办学特色、促进校园文化与企业文化融合等方面成绩突出,培育了一些成功典型,获得了较多的成功经验,将在带动职业教育加快创新发展,逐步形成结构合理、功能完善、质量优良的中高等职业教育协调发展的职业教育体系方面发挥引领作用。

(四)在建设中国特色、世界一流的职业教育方面引领职业教育科学发展

中国有自己独特的历史文化传统与国情,要跻身世界一流职业教育行列,必须立足于独特的文化历史和国情,研究借鉴发达国家的成功经验并与我国的现实状况有机结合,走自己的发展道路,创建自己的发展模式。在2011年6月8日由教育部举办的高等职业教育引领职教科学发展战略研讨班上,鲁昕副部长对高职院校领导提出了七点新期望,一是要做到立意高远,二要力争思路前沿,三要具有国际视野,四要勇于破解难题,五要明确目标任务,六要研究政策推进,七要取得国家成果,深刻认识改革和发展高等职业教育的目标、方向和任务,全力以赴,勇于开拓,不断创新,为建设中国特色、世界水准的高等职业教育做出新的更大贡献。因此,高职院校要强化自身实力和核心竞争力建设,立足于服务所在区域的经济社会发展需求,由注重规模发展向深化内涵建设、提高培养质量、提升产学研水平的发展方式转变;由主要依靠政府和教育部门主导推进,向依靠政府主导、行业指导、企业参与协同推进的发展机制转变,要引领职业教育坚持培养各层次技能型人才的目标定位,创新体制机制,提高人才培养质量,提升社会服务能力,尽快建成中国特色、世界水准的职业教育。

二、发挥高职院校引领职业教育发展的路径

高职教育出发点和落脚点是系统培养高端技能型专门人才，即用高端人才的吸引和培养来引导整个国家或区域的人才工作，实现人才资源的整体开发，提升服务社会和区域经济发展的能力，这是高职能否在职业教育体系中真正发挥引领作用的最终检验标尺。但就目前来看，高职教育引领职业教育发展的功能尚未得到充分彰显，虽然有外部政策支撑不力等因素的影响，但关键还在于主观原因，即高职院校对发挥自身应有的引领功能尚不能做到足够的自信与战略的前瞻。高职院校应当在以下六大方面发挥其引领作用：

（一）引领办学理念更新

高职院校要牵头更新办学理念与思路，建立学校与地方政府、行业企业、中高职合作办学、合作育人、合作就业、合作发展机制，扎实推进多边合作，充分利用学校的优质资源，与知名、优质企业合作共建"校中厂""厂中校"等校内外实训基地；带头构建资源共享、文化共通、技术人才互聘互兼等机制；还应参与组建职教集团，依托集团平台，加强与成员单位的深度合作，形成"共建共赢、共通共享、共管共育"的立体化办学体系，促进职教集团各成员学校的专业结构、课程建设、高技能人才培养水平和社会服务功能等方面主动适应地方经济社会发展的需要，切实提升人才培养和社会服务能力水平。

（二）引领管理体制机制创新

高等职业院校应主动引领职业院校探索建立人才共育、过程共管、成果共享、责任共担的合作办学机制。按照互惠互利、共同发展的原则，实现校企优势互补、互利共赢；以建立企业实习基地、为企业培训员工、参与企业横向课题或企业产品研发等服务项目作为驱动力，以"双向参与、双向服务、双向受益"为原则，通过扎实推进学校内部管理体制机制的改革创新，放活赋权，重心下移，激发二级院系自主办学的活力，提高办学效益；要善于发挥集团理事会的统筹作用，整合校企合作资源，制定校企合作规划，对校企合作活动进行指导、协调、组织、评价，并通过建立校企合作专业指导委员会，在专业设置、人才标准、培养方案设计、课程改革、教材建设、实训实习、产学研合作等方面加强业务研究与理论探索，形成人才

培养的合力。

（三）引领人才培养体系衔接

高职院校在人才培养上发挥着上联（应用型本科）下通（中职学校）的独特作用，引领技能型人才培养体系的构建。同时还要参与构建职业教育与终身教育的衔接体系，为完善体现终身教育理念的职业教育奠定基础。

1. 引领行业企业所需人才培养的无缝对接

高职院校应主动选择有较大规模、生产装备先进、技术力量雄厚、管理科学规范、企业文化氛围好的企业，重点建设一批联系紧密、合作共赢的校外实习基地，以满足学生工学交替、顶岗实习、毕业综合实践等需要，同时，构建接受学生实习、教师实践、职工返校培训的长效机制，保障校企合作制度化、常态化，形成高职院校服务企业、企业支持高职院校的良好氛围。在此基础上，完善实践教学管理办法，确保校外实习与校内实训在内容上有机衔接、环境上互为补充，切实保证学生顶岗实习效果。

2. 引领各层次、各类型的职业技能型人才培养的有机贯通

《教育部关于推进中等和高等职业教育协调发展的指导意见》明确指示："中等职业学校应发挥基础作用，重点培养技能型人才；高等职业学校要发挥引领作用，重点培养高端技能型人才；探索本科层次职业教育人才培养途径，重点培养复合型、应用型人才；探索高端技能型专业学位研究生的培养制度，系统提升职业教育服务经济社会发展的能力和支撑国家产业竞争力的能力。"可见，中高等职业院校应根据不同的办学定位，发挥不同的作用。其中，高职院校起着承上启下的桥梁作用，在人才规格定位发挥着突出引领功能，应主动承担构建具有上下畅通、左右联通特点的弹性培养学制、学分认证制度、人才培养质量评估保障体系和资源共建共享机制的责任，以实现各层次、各类型技能型人才培养的高效对接。

3. 引领专业与课程建设

要创新建立普通教育与职业教育课程互通、中等职业教育与高等职业教育的课程衔接体系，搭建培养高端技能型人才的互通"立交桥"，为学生个性成长、未来职业选择创造条件。高职院校应实时监控专业人力资源市场的人才需求与学校专业设置、招生状况等信息，借助企业的产业技术优势，依托自身专业建设与师资优势，紧贴产业发展专业，以先进产业带动重点专业建设，并以重点专业引领专业群建设，

形成适应地方经济社会发展需要的专业结构布局，建立完整的专业建设评价指标体系与发展引导机制，引领各中职学校以专业建设为核心，建立符合专业发展规律、适应经济社会和现代产业体系发展需求、具备可持续发展能力的专业和专业群，引领中职学校对准产业、紧扣专业，合力打造课程资源平台，形成以课程为核心的教育优质资源库，最终实现专业资源、课程资源共建共享，彰显办学特色，提升人才培养的水平与质量。

4. 引领高水平师资队伍的打造

改革职业院校教师评聘机制和考核标准，落实教师在职进修和企业实践交流制度，改革人事分配制度，形成吸引人才、稳定队伍的激励机制，不断提升师资队伍整体的素质能力；出台聘用兼职教师的相关政策，构建互聘互兼互训机制，引进、培养一批在专业技术领域熟悉行业企业最新技术动态，把握专业技术改革方向，在本行业、本地区有重要影响的教学名师、专业带头人。要依托职教集团平台，构建职教集团内部人才良性循环与流动机制，建设优势互补的技术人力资源库。引领中职学校构建来源广泛、队伍稳定的高水平师资队伍。

5. 引领文化软实力的建设

校企合作过程中，文化交融是校企双方共同的追求，也是合作纵深推进的动力。高职院校要实现校企深度融合，紧紧依托产业作为高职的独特文化背景，借鉴并植入先进产业文化、企业文化理念与模式，引领职业院校文化软实力建设。高职院校应首先以先进的制度文化、行为文化和优良的环境文化为载体，同时引进优秀企业文化，实现校园文化与企业文化的对接和交融，凸显校园文化的社会性、产业性和职业性特色，将校园文化建设贯穿到人才培养全过程，使学生在校园文化中接受企业文化的熏陶，增强对企业文化的认同感，在职业能力形成的同时，养成良好的职业素质，实现为生产、建设、管理、服务第一线培养高素质技能型人才目标。

6. 引领社会服务能力的提升

高等职业教育要转变发展方式，既要为区域经济发展提供合格的技术技能型人才，又要为社会每一成员在他们需要的时候提供能满足其转业、转岗要求的学习机会，引领职业教育走向既要重视学校教育的发展，也要重视高新技术培训的发展，走学历教育与非学历教育并举，职前教育、在职教育、转岗转业教育相互沟通，协调有序的发展道路。

（1）高职院校应该利用丰富的人力资源优势，规范的教育教学制度，采取多

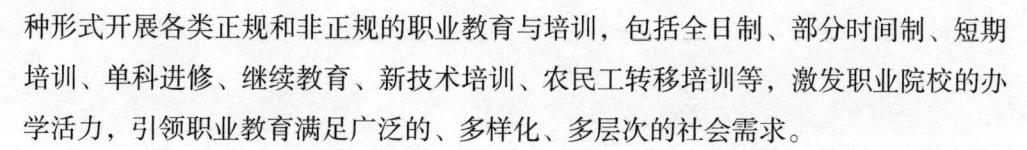

种形式开展各类正规和非正规的职业教育与培训，包括全日制、部分时间制、短期培训、单科进修、继续教育、新技术培训、农民工转移培训等，激发职业院校的办学活力，引领职业教育满足广泛的、多样化、多层次的社会需求。

（2）携手社区教育共同发展。职业教育是与当地社会经济发展联系最密切的教育类型，高职院校应充分参与到社区教育中，引领职业教育通过传播先进的科学知识和技术，通过为社区居民开展技术培训、休闲教育，为社区的和谐发展出谋划策等，带动社区教育提升层次，满足人民生活水平提升的需要。

（四）发挥高职引领作用的保障措施

1. 制定实施高职引领职业教育科学发展的配套政策

应该明确高职院校在中高职协调发展中第一主体定位和主力军作用，并在财政金融政策上给予一定的支持。当前的重点是加大高职院校的财政生均经费保障力度，教育部应该研究出台高职院校生均拨款标准，在拨款标准的具体确定上，高职院校的拨款标准应不低于或高于本科标准，应当考虑各地经济发展水平和物价涨幅对财政拨款实际购买力的影响，体现动态均衡性。与此同时，还应当鼓励和政策支持高职院校，特别是国家示范院校，以产业面向为分类基础，牵头制定有关职业教育的建设标准。

2. 给予高职院校更多的办学自主权

要充分发挥高职院校在办学体制机制改革、人才培养模式改革方面的创造力，给予高职院校更多的办学自主权，减少办学项目的行政审批限制，在评价、管理上进一步解放思想，多引导、少限制，在专业设置、学制年限等方面给予高职院校更大的自由空间。继续积极支持民办高职教育发展，给予民办院校同等的政策权利，形成公办、民办职业教育相互促进、共同发展的格局。

第二节　从国家和政府层面上实施中高职一体化管理

一、中高职教育一体化发展的内涵

国务院副总理刘延东认为，作为一种教育类型的职业教育要形成现代职业教育体系，必须搭建体现终身教育理念的职业教育立交桥，着眼于贯通中高职人才的成长和培养渠道，优化和整合职业教育资源，增强培养应用型人才的能力。中高职一体化发展是中高职协调发展最有力措施，虽然，目前官方和学术界对"中高职教育的一体化发展"均没有统一定义，但是将"中高职一体化"等同于"中高职衔接"还是有失偏颇。中高职衔接是指中等与高等职业教育之间的相互衔接，其目的在于提高教育效果，节约教育成本，为学生继续深造提供有利条件；而中高职一体化是中等与高等职业院校在教育目标、教学内容、课程设置、教学机制等方面实行承接与分工，两个教育层次相互渗透、相互联系，以达到最优教学效果的教育发展形式。"衔接"侧重于通过中介物打通二者之间的通道，是被动的外在对接；而"一体化"着重于两者之间内在的有机统一与融合，是主动的内在承接。从我国职业教育发展的内在理论逻辑来看，中高职教育一体化发展是随着职业教育国际比较研究的加快而出现的，是整个教育体系发展过程中的一个节点。

二、成立职业教育联合管理机构

从国家和政府层面实施中高职一体化管理,营造"一体化"管理政策环境、理顺"纵向一体化"管理机制。成立职业教育联合管理机构就是要统筹安排,协调各方面关系,促进职业教育结构的合理化。职业教育的办学涉及多部门如教育局、社会劳动保障部门、企业等等,如何盘活现有职业教育资源,打破"条块分割"的职业学校布局,达到规模效益和整体效应,这就需要建立健全职教管理的多部门配合机制,以便于统筹协调各方面的工作和利益格局,全面推动职业教育改革。建议由政府牵头,教育主管部门统筹,理顺管理体制,成立多部门联合参与的联合工作组,打破部门行业办学的界限,改变条块分割、重复办学、分散办学的状况,并结合产业未来的发展趋势,针对中职和高职的不同特点,同一设置职业教育的专业和学制。避免各校之间的专业盲目无序、重复设置,以保证各校正确定位,特色发展。整合优化职业技术教育资源,探索职业教育发展新模式,走职业教育集团化之路,形成规模优势、品牌优势、对口优势,有利于职教人才培养培训功能的拓展,促进校企合作、产教结合模式的创新,促进专业建设和课程开发水平的提升,促进职业院校学分制和弹性学制的贯彻等。

三、中高职一体化管理的实施原则

一是对接原则。是指中职与高职院校直接对接,在专业上联合办学。

二是一体原则。无论中职教育还是高职教育,都是为区域经济或者相同行业培养高素质高技能型人才,中高职院校的培养目标、课程改革与设置要一体化,根据产业行业的需求,认真分析职业岗位的要求,按照企业的职业分类和职业标准研究技能型人才由初级到高级的职业能力标准和层次结构,构建职业教育整体育人的人才培养体系。

三是协调原则。培养目标要有层次、衔接和递进关系,分工协作、相互配合、

共同发展,做好课程设置和教学内容的衔接是协调的核心工作;高职与中职在人才培养目标上有着职业性、技术性和技能性的一致,又有着层次的差别。因此,在制定培养目标时要考虑培养目标的递进性与衔接性,着眼于学生职业生涯的可持续发展。

四是共享原则。中高职院校要整合、优化各自的专业教学资源,发挥各自的师资、设备与管理优势,强强联手、资源共享、优势互补,共同促进中高职衔接专业的一体化发展。

四、中高职一体化实施路径

(一)选择并确定一体化专业

由教育主管部门组织高等职业院校、中等职业学校、企业行业专家和职教专家,在市场调研的基础上,分析企业相关职业岗位的能力需求,专业性质和专业定位,选择与确定一体化培养专业。首先,应该在市场调研基础上确定专业,通过调研相关行业企业及其主管单位,充分关注行业企业发展规划,科学预测其岗位发展趋势和用人需求;其次,根据专业本身的性质来划定适合一体化培养的专业,划定标准应该是行业岗位技术含量较高、专业技能训练周期较长、熟练程度要求较高、社会需求量较大且需求较为稳定的专业;再次,高职院校的核心或重点专业,对高中课程依赖性不强、需要高职学历的专业岗位适合从中职开始培养;最后,必须根据经济社会发展需要和企业相关职业岗位的要求,按照国家相关行业标准和职业资格鉴定考核要求,充分考虑学生职业生涯的发展阶段,进行专业定位、一体化设计人才培养目标、构建一体化教学计划,制定中高职的专业教学标准。

(二)建立一体化协调机制

中高职一体化培养是指中高职一体化办学院校相应专业对口合作,联合培养初中毕业生的一种培养模式。在实践过程中两个不同办学主体建立并落实协调机制尤为重要。一是在机构设置方面,政府相关部门应加强对一体化试点专业的统筹指导,搭建市级工作交流平台,定期组织试点院校召开经验交流会与工作座谈会,总结经验、研究工作办法,定期发布工作简报,组织专业教师培训,引导其将一体化设计

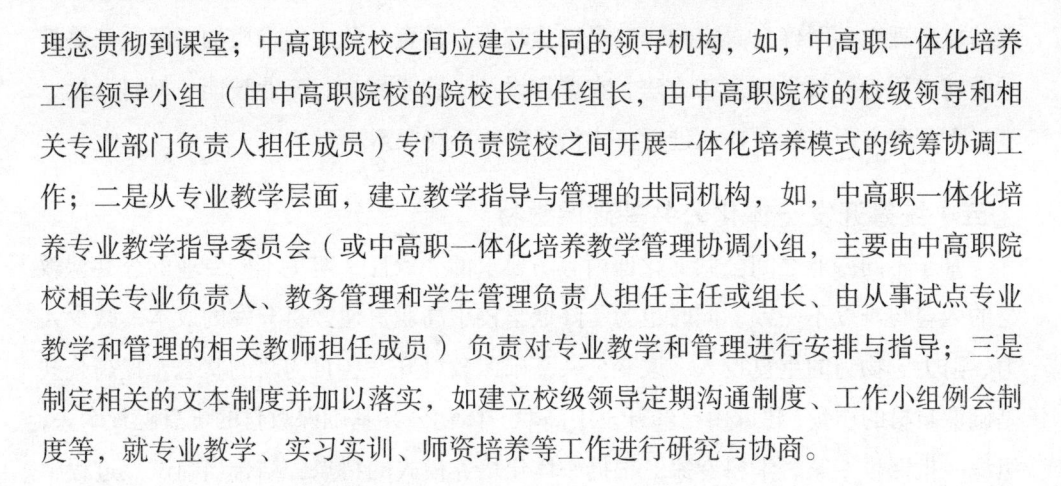

理念贯彻到课堂；中高职院校之间应建立共同的领导机构，如，中高职一体化培养工作领导小组（由中高职院校的院校长担任组长，由中高职院校的校级领导和相关专业部门负责人担任成员）专门负责院校之间开展一体化培养模式的统筹协调工作；二是从专业教学层面，建立教学指导与管理的共同机构，如，中高职一体化培养专业教学指导委员会（或中高职一体化培养教学管理协调小组，主要由中高职院校相关专业负责人、教务管理和学生管理负责人担任主任或组长、由从事试点专业教学和管理的相关教师担任成员）负责对专业教学和管理进行安排与指导；三是制定相关的文本制度并加以落实，如建立校级领导定期沟通制度、工作小组例会制度等，就专业教学、实习实训、师资培养等工作进行研究与协商。

（三）一体化设计培养方案与课程

中高职一体化培养模式的推行是以试点专业人才培养方案为基础，包括人才培养目标、教学计划、课程设置等关键要素，是人才培养的指导性文件。因此，要根据区域经济社会发展需要和企业相关职业岗位的要求，按照国家相关行业标准和职业资格考核要求，科学合理地设计人才培养方案。一体化培养的关键在于课程体系的内涵式衔接，衔接基础是课程和通过课程学习所获得的能力，课程体系的对接应以高职学院为主，中职为辅，联合行业、企业，共同制订相关的教学计划与培养计划，并对相关课程进行全面系统的梳理、整合教学内容、重新分配课时计划、重新设计课程教材。在专业课设计方面，应重新梳理专业原有的课程门类，以岗位所需职业能力为核心，对课程进行模块化设计，按照岗位需求对教学内容进行重组与整合，按理论知识学习与职业能力培养要求进行整体设计，并分段实施。前三年使学生在专业认识与基本技能方面打好基础，后两年拓宽专业面，使学生注重专业核心课程学习，并加强实训与毕业设计实习；在公共基础课方面，也要按照一体化设计思想，做好中、高职层次的衔接，使学生提高学习效率、顺利实现过渡。

（四）组建适应中高职一体化培养的教学团队

组建一支适应中高职一体化培养的教学团队，是确保中高职一体化培养模式顺利运行的关键，也是人才培养方案最终落实的保障条件之一。因此，中高职院校要加强一体化专业师资队伍的配备，提升中高职一体化师资的素质，并以高职的专业带头人为主体，中职的骨干教师和教学管理部门共同参与，以实现中高职师资的强强联合。具体做到：一是加强教师对中高职一体化培养模式的理解，树立一体化培养的核心理念,明确自身定位;二是增强教师对教育对象个体素质的了解;三是教师应转变原有的教学理念与方法,在课程设计、课堂教学、专业技能、教材开发、学生管理等方面有针对性地进行一体化培养的实践探索。

(五)统筹开发一体化公共基础课教材

基于不同专业之间公共文化课内容与要求的一致性,避免不同专业的公共课教材的内容与难度不一致,同时也为了降低学校中高职贯通教材开发的成本,减少人力、财力、物力的重复投入,改变公共基础课教材开发各自为政的状态,提高公共基础课教材的质量,建议由已经开发中高职一体化公共基础课教材的试点院校牵头,组织一批课程专家、学科专家,根据一体化培养模式的特点,结合当前试点过程中的实际情况,开发出真正适合一体化培养的高质量的公共基础课教材,在一体化培养模式推进的过程中全面推广并使用。

(六)划拨经费支持

任何一项教育改革均需要投入大量成本,中高职一体化培养模式的试点也不例外。由于试点专业之间的独立性,每个试点专业的专业课内容和要求又千差万别,没有统一的一体化教材可以使用,因此,必须以中高职院校的专业教师为主体进行专业课的教材开发。但是,这种教材开发的成本较高,建议政府相关部门设置校本教材开发专项经费,对试点专业进行专项经费支持。专项经费的拨付可以为学校更好地开展试点工作提供物质基础,更可为师生创造更优质的教学条件与环境,也能极大地提高试点院校和教师的积极性,最终能有效提升中高职一体化培养的质量与效果。

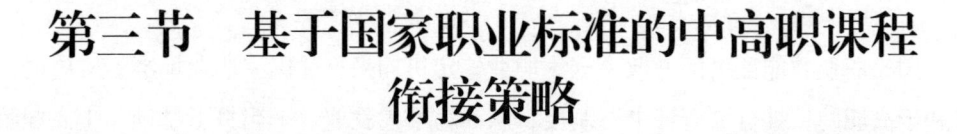

第三节 基于国家职业标准的中高职课程衔接策略

一、我国国家职业标准与职业教育层次性的对应关系

推行双证书制度已成为我国职业教育界的共识，虽然职业教育证书体系中的学历证书由教育部门管理，职业资格证书由人力资源和社会保障部门管理，明显存在着证出多门、互通困难、认可度低等诸多问题，但是职业院校在课程内容对接职业标准、学历证书对接职业资格证书、职业教育对接终身学习等方面进行深化教育教学改革，并取得了可喜的进展。

我国建立职业资格证书制度的目的是使劳动者通过职业教育，获取相关职业领域的从业资格，职业资格等级划分取决于受教育程度，因此，基于国家职业标准实施双证书制度，可以使中高职教育培养目标定位的层次性更加明晰。我国国家职业资格分为5级，依据受教育程度划分，国家职业资格2级对应高中或相当于高中水平的中等职业教育；国家职业资格3级及以上对应高等职业教育。依据职业能力培养划分，1级职业资格（初级工）可通过短期职业培训或初等职业教育获得；中等职业教育（高中阶段教育）的职业能力培养目标是从1级至2级，达到中级工的要求；高等职业教育（高中后、专科层次）的职业能力培养目标是从2级至3级，达到高级工的要求；4级至5级职业资格按我国现行规定必须经过若干年的岗位实践才能取得，故无实践经历的高职学生一般不能直接获得[①]。因此，在我国5级职业

[①] 施新. 吴乐央. 职业教育实行"双证"的探讨. 浙江社会科学 2005（3）.

资格证书体系中，能够非常清晰看出的职业教育培养目标的层次性定位。

二、基于国家职业标准的中高职课程衔接策略

国家职业技能证书的考取是国家职业鉴定机构根据《国家职业标准》实施的，有利于高职院校推行"双证书"制度，从而为学生就业、上岗打下基础。中高职院校应依据《国家职业标准》，并针对培养目标所设定的职业（岗位）群确定各自教学内容的，做到既以"标准"为纲，又不局限于"标准"；既要符合国家对职业技能人才培养的宗旨，又要考虑学校的实际情况；既要实现学生充分就业，又要考虑学生的未来发展。

（一）确定培养目标

培养目标是对学生的具体培养要求，分层次确定培养目标是中高职教育的出发点和落脚点，也是课程衔接的基础。培养目标制定是否科学，关乎专业的发展和学生的切身利益。尽管教育部在制定中等和高等职业教育专业目录时，对各专业的培养目标均有导向性的描述，但由于我国幅员辽阔，各地区的社会发展与经济结构存在巨大差异，不同地区职业院校在制定专业培养目标时往往千差万别。为了准确确定培养目标，应当做到：一是要充分满足当前、当地的社会需求，为区域经济社会发展输送合格的人才；二是要充分考虑中高职学生年龄、学习基础、知识结构的不同，在制定培养目标时要有的放矢；三是要根据区域经济发展要求灵活调整和设置专业，根据行业、企业需要合理安排教学内容，最终充分体现学生的就业需求，让学生在校学习的知识与技能毕业时能用得上，提高其就业率；四是充分关注学生的未来发展。通过认真研究地方经济社会的发展现状，准确把握国家、地方政府的经济发展战略与走向，使得专业培养目标的设置具有前瞻性，从而使毕业生具备应对岗位变化的能力，为其可持续发展提供帮助。

（二）设置职业（岗位）群

《中华人民共和国职业分类大典》将我国的社会职业分为8个大类和1838个细类，细类即通常所说的职业。中高职院校应分别根据培养目标设定学生未来将从事的相关职业（岗位），组成职业（岗位）群。设置职业（岗位）群主要是出于三

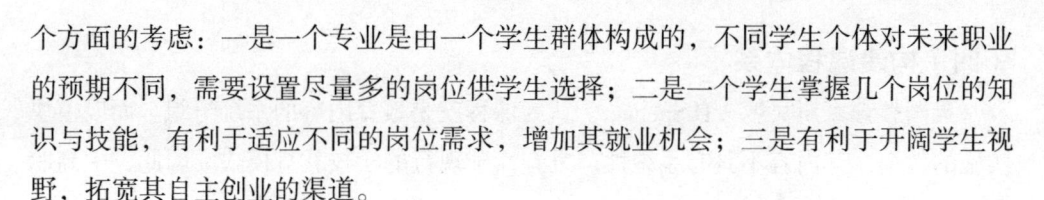

个方面的考虑：一是一个专业是由一个学生群体构成的，不同学生个体对未来职业的预期不同，需要设置尽量多的岗位供学生选择；二是一个学生掌握几个岗位的知识与技能，有利于适应不同的岗位需求，增加其就业机会；三是有利于开阔学生视野，拓宽其自主创业的渠道。

（三）确定学习内容模块

《国家职业标准》对每一职业都从职业概况、基本要求、工作要求和比重表四个部分做了描述。在"工作要求"中，又分别对初级、中级、高级、技师、高级技师在工作内容、技能要求、知识要求等方面，进行了详尽叙述；而"比重表"则规定了这些内容的开设学时比例。中等、高等职业学校应根据《国家职业标准》，找到所需要的职业（岗位）标准，分别按照中级工、高级工的岗位标准确定主要学习内容（含知识、技能、情感态度、价值观），并将不同职业（岗位）中相同或相近的内容进行归类、整合，最终组成学习内容模块。在内容模块建立时应注意把握以下原则：

1. 阶梯式原则

《国家职业标准》对各职业的要求非常具体，具有较好的可操作性，为我们选取教学内容提供了方便，中职学校应参考"标准"设计教学内容，高职院校能够把握中职教学情况、科学设计教学计划，可有效避免教学内容安排上的盲目性和随意性。

2. 非直线原则

针对相同职业，中职的学习模块和高职的学习模块之间并非直线关系，高职应根据社会需要、学生愿望及本校特点，开辟新的内容模块，可以为有特色专业和有专长的教师提供发挥空间。

3. 不唯"标准"原则

强调尊重《国家职业标准》又不局限于《国家职业标准》，我国《职业教育法》指出："实施职业教育必须贯彻国家教育方针，对受教育者进行思想教育与职业道德教育……"。因此，职业院校在设置内容模块时，要充分考虑通识类课程的地位，不仅要使学生掌握一技之长，更要注重其情感、态度、价值观的培养，提升其职业综合能力。此外，还要在《国家职业标准》的基础上，充分发挥学校的办学优势，促进学生的个性发展。

（四）构建课程体系

英国教育家斯宾塞（H.Spencer）认为课程就是教育内容的系统组织。而以模块实施的教学，其内容不具有系统性，也有悖于现行的学校教育模式。因此，中高职学校必须将各内容模块按照学科特点进行整合，以形成不同的课程，各门课程共同组成本专业的课程体系。为使课程体系具有职业教育的特点，应做到：一是淡化系统又不失联系。模块化课程会缺失一定的系统性与连贯性，但由于其具有共同的学科基础知识与基本技能，有利于职业院校教师的教学和学生对技能的掌握；二是每一模块都适于"教、学、做"的融合，可以在实验、实训场所一次性完成所有教学活动；三是课程类型的非直线性。相同专业中高职的课程类型可以有所不同，但所开设的核心课程都要体现阶梯上升的知识与技能的要求。

第八章 我国中高等职业教育协调发展的保障体系建设

我国的职业教育不仅仅是培养熟练技工的教育,更是培养产业大军和技术大军的教育,也是培养技术革新和技术改良人才的教育。因此,需要理清思路,全面、正确、准确地认识各级各类职业技术教育在国家现代化建设中的地位和作用,切实为中高等职业教育协调发展创造良好的政策环境与保障机制。

第一节 在终身教育的理念下推进职业教育工作

从欧美发达国家的发展经验来看,职业教育已成为推动经济发展和提升国家核心竞争力的基石,现阶段我国也已把发展职业教育放在更加突出的位置,并明确将其作为国家战略,按照《教育规划纲要》精神,"到2020年要形成适应经济发展方式转变、产业结构调整和社会发展要求,体现终身教育理念,中等和高等职业教育协调发展的现代职业教育体系",这为职业教育在未来一个时期的发展指明了方向和路径。

职业教育是面向人人的教育。将人口资源的优势转化为人力资源的优势尤其是要靠职业教育。在任何社会,无论收入高低与否、经济增长速度快慢与否,青年人都需要具备为经济发展做贡献和成为良好公民的能力,重点是具备坚实的基本技能和能力基础,否则青年人将会被排除在经济体系之外,缺乏在社会中生存和获得成功的必要条件。职业教育与经济发展有着本质的、最直接与密切的联系,可为社会培养大量的、涉及不同行业与岗位的各级技术型和技能型人才,他们占社会劳动力的绝大部分,并直接服务于经济建设,推动经济发展。另一方面,职业教育也是与时俱进的教育。能够快速回应劳动力市场的需求,能够在瞬息万变的经济中有效地培养学生为今天和未来所需要的能力与技能。当今社会科技日新月异，知识激增和老化速度加快，某一时段的集中学习已不再成为解决个体在整个职业生涯中所遇到问题的有效方法。因此，应在终身教育的理念下进一步推动职业教育的发展，按照面向人人、面向终身、面向未来的方针推进职业教育。尤其是当前经济转型以及产业升级对职业教育提出了更高要求，职业岗位的划分将越来越精细、多样，职业教育的动态影响因素增多，职业教育的改革与发展必须从大的战略角度出发，从经济与社会发展的全局出发，树立大职业教育观，按照终身教育的理念推进自身的发展。

职业教育是产业结构升级与调整的重要支撑，是经济发展方式转型的重要基石，是区域经济社会发展的重要依托。提升职业教育统筹水平，将职业教育纳入经济社会发展整体规划已成必然。因此，各级政府必须消除鄙视职业教育的陈旧观念，在终身教育的理念下，树立大职业教育观，重视国家软实力的提升，切实履行发展职业教育的责任，将职业教育发展纳入国家产业调整与布局和新兴产业发展规划中，将技能型人才发展战略与技术创新战略紧密地结合起来，以技能人才支撑产业升级。各地也必须将职业教育纳入区域发展规划，构建区域技术与技能的复合平台，促进技术创新与技术技能型人才培养的对接，以高素质技术技能型人才助力企业技术创新与升级，切实发挥职业教育支撑区域经济发展的作用。

第二节 加大职业教育投入力度,健全经费保障机制

在职业教育投入方面,需要继续加大政府投入、激励企业投入、拓展社会投入,充分发挥政府在职业教育发展中的主导性与决定性作用,创新投入机制,构建以政府为主导,企业、社会、个人共同投入的职业教育投入体系。我国职业教育实行"以学生缴费为主、财政补贴为辅"的政策,虽然在一定阶段内解决了职业院校的发展问题,但现阶段办学经费不足却成为职业教育发展的最大困难,极大地影响了教育教学质量的提高。在教育经费投入上,美国、德国、英国等发达国家均坚持优先发展职业教育的原则,并通过法律制度、政策安排和公共资源配置予以保障。随着我国经济实力的提高,政府应按照《教育规划纲要》的要求,"必须(把职业教育)摆在更加突出的位置",提高国家职业教育经费占财政性教育经费支出的比例。

一、政府主导,提高经费政策保障力度

逐步扩大政府对职业教育的补贴,建立更为合理的教育经费分配机制。各地应加快制定与落实中等与高等职业院校学生人均经费基本标准和学生人均财政拨款基本标准,切实实施城市教育费附加用于职业教育比例不低于30%的规定。高职院校逐步实现生均预算内拨款标准等于或高于省内普通本科的生均预算内经费标准。中职学校应按要求足额拨付经费。对于举办五年一贯制的中等与高等职业院校,应按照国家有关规定,实施中职教育阶段的资助与免学费政策,同时提高新增教育经费用于职业教育的比例,并逐渐形成促进中等与高等职业教育协调发展的经费投

入稳定增长机制。同时,政府应该加强对多元融资渠道的研究,建立以政府投入为主的多渠道筹措经费体制与经费监督机制,完善相关经费的保障法规,确保经费投入的持续与稳定、经费使用的规范与高效。例如,2013年山东省在全国率先启动职业教育品牌专业群建设。省财政投入2.26亿元,按照每个专业群(专业)400万元~700万元的标准,在全国率先启动29个高职品牌专业群、10个中职品牌专业建设,引导学校优化专业结构和资源配置,集中力量办出特色,打造山东职业教育品牌,带动学校整体发展与提升,形成核心竞争力。[①]

二、开拓创新,形成多元化融资体系

由于我国教育经费总量本身存在严重不足,僧多粥少,因此,急需构建多元化的投资体制,探求主体多元化的投资方式,充分调动全社会的积极性,健全多渠道筹措职业教育经费的投入机制,完善财政、税收、金融和土地等优惠政策,形成有利于职业教育协调发展的政策合力,为中等与高等职业教育的协调发展提供更坚实的物质基础。各级政府应着力改善校企合作的基本建设和基本能力,营造校企合作良性发展环境,国家相关部门和地方政府可通过财政投入、社会捐赠、企业培训基金归集等方式多渠道筹集国家性、地方性的校企合作基金,用于支持校企合作日常运转、职业教育专项项目、公共实训平台建设、外聘企业专家等费用支出,并对校企合作中涌现的先进、典型做法予以奖励,以提升企业参与职业教育的社会责任意识。总之,融资渠道很多,还包括:一是采取银行信贷融资;二是产业、科研融资;三是合作办学融资;四是争取教育基金和教育费附加、城建税等相关税费的无偿划拨;五是通过募捐等形式,募捐对象包括:设备、软件、科研技术、知识产权等;六是科研成果与研发技术的市场化运作,通过有偿服务融资。此外,还应以政府为主导,联合行业企业共同构建学生资助体系,为持续学习有困难的学生提供助学金以及金融信贷,对最弱势的职教学生实行学费减免、生活费补助;并引导企业和公民个人面向职业教育捐资助学。

[①] "山东省现代职业教育体系建设"新闻发布会举行 http://www.sdedu.gov.cn/jyt/tpxw/webinfo/2014/01/1389656689979219.htm

第三节 推动和落实政府主导、行业指导、企业参与的办学新体制

现代职业教育倡导校企合作、工学结合的"校企双主体"育人模式，但是行业指导、企业参与职业教育，离不开政府的主导作用，因此，有必要调整学校、政府、行业、企业的关系，重新定位各方的职能与角色，创新职业教育体制机制，扩大办学自主权。

一、立足全球视野，发挥市场机制

在教育全球化的背景下，政府的作用是非常重要的，但也是有限的。在国际教育服务贸易市场上，职业院校是市场运行的主体，应该立足全球视野，遵循相关国际标准。一是从培养目标来看，应立足教育全球化背景，判断我国职业教育的价值取向，进而确定培养目标，这是首先要关注的问题；二是从实践规范来看，要用国际化标准来引导我国的职业教育实践，提升人才培养质量；三是从企业参与来看，由于企业将更广泛地参与国际竞争、技术发展与转移，一些传统职业将会转型与升级，一些高新技术产业的兴起将会导致新的职业岗位不断产生，一些传统职业岗位的科技含量也将不断发生变化，这些都会对职业教育院校及其所培养的人才提出新要求。

因此，遵循教育全球化的游戏规则及相关国际惯例，建立健全与教育全球化相适应的政策法规体系，在国际教育服务贸易市场上，能够利用国际通行的服务贸易规则来开拓市场并很好地保护自己，在教育全球化进程中与国际惯例相接轨，使我

国的职业教育切实融入教育的全球化中。

二、加强政府的主导作用，推进职业教育管理统筹机制建设

要充分发挥各级政府在职业教育发展中的主导地位，明确政府在职业教育宏观调控、微观管理上的角色与职能，真正发挥其在推动职业教育办学新体制形成上的主导作用、政策的建设作用和统筹优势，把职业教育与经济社会发展、改善民生、促进公平、社会和谐结合起来，落实职业教育在经济发展中的战略地位，改善职业教育办学条件，促进职业教育健康发展。

在国家层面加强统筹协调力度，要求各级政府建立相应的职业教育管理统筹协调机制，减少职业院校发展的盲目性和无序性。切实解决职业教育管理体制中长期存在的政出多门、多头管理的问题；确保将职业教育发展规划与区域经济发展规划统一起来，把发展职业教育纳入年度工作目标中去，将其作为年终考核的重要内容和依据；并鼓励地方政府购买职业教育服务，把失业人员再就业培训、实现普通公民终身教育等纳入当地职业院校的业务范围；督促各分管部门落实支持职业教育发展的责任，加大职业教育校企合作过程中的推进动力；通过提供经费支持和优惠政策，进一步加大对职业教育的支持力度；要求把人才需求规划作为经济建设项目规划的一个组成部分，在项目启动的同时，调动相关利益方提供企业用工和技能要求的供求信息与职业标准，为职业院校制订人才培养方案提供依据。例如，2014年山东省在青岛、潍坊、德州市开展人力资源统计、预测、供求信息发布试点，计划2015年在全省全面推行，以对职业院校的专业设置与布局提供支持[1]。

三、扩大职业院校的办学自主权

加强和落实职业院校的办学自主权既是市场经济的要求，也是应对教育全球化

---

[1] "山东省现代职业教育体系建设"新闻发布会举行 http://www.sdedu.gov.cn/old/sdedu_ztxx/xdzytx/201401/t20140109_150432.htm.

挑战的必然选择。职业院校作为参与教育全球化进程的主体和独立法人实体，各级政府的相关管理部门应创新职业教育的管理机制与运行机制，发挥市场调节作用，以市场需求为导向，赋予职业院校充分的办学自主权，增强其自主办学的能力，使其能够灵活面对国内外职业教育市场，特别是劳动力市场的需求与变化，根据市场需求调整专业设置、课程设置与人才培养模式，促进与市场互动良好的、开放、弹性、灵活的职业教育体系的形成，使职业教育能够切实为经济发展提供优质的人力资源。

四、构建相关体制机制，促进行业企业积极参与职业教育

从国外职业教育管理体制看，从宏观层面的职业教育发展战略、政策制度的制定，到中观层面的行业标准、人才需求的确定，再到微观的人才培养方案的确定、教材的开发、质量的监督与保障，均有行业企业代表的参与。《国务院关于大力发展职业教育的决定》提出："进一步建立和完善适应社会主义市场经济体制，满足人民群众终身学习需要，与市场需求和劳动就业紧密结合，校企合作、工学结合，结构合理、形式多样、灵活开放、自主发展，有中国特色的现代职业教育体系。"因此，开展校企合作是谋求学校和企业共同发展的必然选择。我国各级政府应通过顶层设计，构建行业企业全面深入地参与职业教育校企合作的体制机制，这是将行业企业需求融入职业教育人才培养，提高职业教育质量的重要环节。

（一）建立不同层次的组织机构

整合优化现有资源，积极构建不同层次、不同形式的行业企业参与职业教育的组织机构。可通过职业教育部门联席会和行业教学指导委员会等形式，发挥行业企业在职业教育战略规划、制度设计、行业人才需求预测与职业标准制定中的作用；通过地方的专业建设委员会、协作联盟或职教集团理事会等新的组织形式，拓宽行业企业参与学校专业建设、课程开发、基地建设、师资培训等的通道；还可通过职业教育集团化办学，将行业企业引入职业教育，实现教学链和产业链的有效对接，让行业企业在影响职业教育、满足产业需求的过程中发挥实质性的作用。例如，英国在2008年成立了行业技能委员会，它是由业界领导的独立机构，成员来自用人

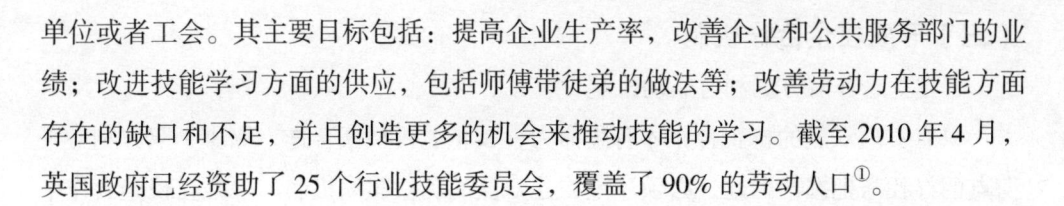

单位或者工会。其主要目标包括：提高企业生产率，改善企业和公共服务部门的业绩；改进技能学习方面的供应，包括师傅带徒弟的做法等；改善劳动力在技能方面存在的缺口和不足，并且创造更多的机会来推动技能的学习。截至 2010 年 4 月，英国政府已经资助了 25 个行业技能委员会，覆盖了 90% 的劳动人口[1]。

（二）出台政策法规

政策法规是校企合作深入发展的重要依据，依靠政策法规引导、调整、规范和约束职业教育校企合作利益主体的责任和权利是普遍做法。在国家层面上，要积极推进《职业教育法》和《职业教育校企合作促进条例》等法规条例的修订与制定工作，为地方法规条例的制定提供依据和支持。各级政府要统筹规划，加强政策制度设计，营造校企合作健康发展的良性环境，及时出台校企合作法规，规定企业不仅有享用职业技术人才的权利，同时负有参与培养职业技术人才的义务；对有意成为实习基地的企业，政府应给予适当的补偿或税率减免等优惠政策，提高企业参与职业教育办学的积极性；规定企业用人准入制度，制定相关规章制度，约束企业必须参与职业教育过程，规定雇工在一定人数以上的企业必须参与职业教育与培训，并给予一定政策倾斜，形成企业积极参与职业教育的良性机制。例如，宁波市在全国最早出台了《宁波市职业教育校企合作促进条例》，并制定了实施细则。河南省出台了《河南省职业教育校企合作促进办法（试行）》，北京市出台了《北京市交通行业职业教育校企合作暂行办法》，重庆市下发了《重庆市教育委员会重庆市旅游局关于开展旅游职业教育现代学徒制人才培养模式试点工作的通知》等。

此外，还应出台相关的税收政策，如在实训基地建设、产品开发和贷款等方面提供优惠政策，对校办产业或校企合作股份制企业予以税收优惠等。例如，2013 年山东省财政厅、国税局、地税局联合下发《关于支持发展现代职业教育有关税收政策的通知》，提出 9 项税收优惠政策，涵盖营业税、企业所得税、个人所得税、房产税、城镇土地使用税、耕地占用税、契税、印花税、关税等税种，支持学校组织开展实习实训及其他勤工俭学活动，开展教学、技术研究和培训活动，进行校区建设，支持社会力量及境外组织和个人资助、捐赠职业教育事业等[2]。

---

[1] 颜炳乾. 英国专家眼中的英国职业教育 [J]. 职业技术教育, 2010（12）71-72.
[2] 山东省财政厅山东省国家税务局山东省地方税务局关于支持发展现代职业教育有关税收政策的通知 http://www.cnnsr.com.cn/jtym/fgk/2013/20131028000000226312.shtml

（三）形成校企合作机制

1. 建立合作双方的利益驱动机制

只有实现双赢的校企合作才有生命力，校企能否长期合作，取决于双方利益平衡点的寻找与把握，因此，必须注重构建双赢的利益驱动机制。一是在校企合作中保证企业的利益：优先选择职业院校，利用学校资源对职工进行继续教育；借助学校的信息与技术服务，进行新产品的研制开发、新技术的引进、设备的技术改造等；通过合作实现企业的宣传效应，树立企业形象等。二是保证学校的利益：获得合作企业的捐资助学；得到企业在教学实践中的设备、场地等支持和师资、管理等配合；通过合作实现招生、培养、就业的良性循环，扩大办学规模。总之，加强职业院校与企业合作，促进教学与生产相结合，校企双方互相支持、互相渗透、优势互补、利益共享，这是职业教育改革发展的重要举措。

2. 建立专业建设与产业的联动机制

职业教育是直接为区域经济发展服务的，区域经济中的产业结构、技术结构是职业教育专业结构调整、改革、发展的主要依据，职业教育专业结构的调整与提升必须从产业结构的调整与发展的大局出发，既要考虑区域产业结构发展的特点与经济发展水平的要求，又要考虑办学的超前性，通过自身结构的优化，更好地服务于区域经济的发展。因此，专业建设必须紧紧契合区域经济建设的需要，构建与产业结构、经济特征相适应的联动机制，重点放在新兴产业、支柱产业需要的专业上，大力发展直接为地方经济建设服务、适应劳动力就业市场变化需要的专业，调整改造传统专业；加强面向农村的职业教育，加强涉农专业建设，加快培养适应现代农村发展需要的实用型人才，支持职业院校积极参与新型农民、农村劳动力转移和进城务工人员培训。例如，江苏省政府为了进一步提升成人高等教育服务地方经济的社会功能，本着为社会培养更多应用性专业技能人才、扶持企业人才培养、发展院校特色专业的原则，自 2011 年开始在成人高考中试行校企合作扶持发展省新兴、支柱产业相关专业的招生改革，成人高校与合作企业签订人才培养合作协议，明确职责，规范行为，企业推荐的一线优秀在职人员报考指定的成人高校的校企合作扶持发展专业，经审核合格的考生参加全国成人高校招生统一考试，可享受加分 20 分的投档政策（可与其他类型照顾加分累计），录取计划单列①。

---

① 省教育厅关于做好 2012 年成人高校招生校企合作扶持发展专业加分录取试点工作的通知 http://www.jseea.cn/contents/channel_4/2012/10/1210121418509.html

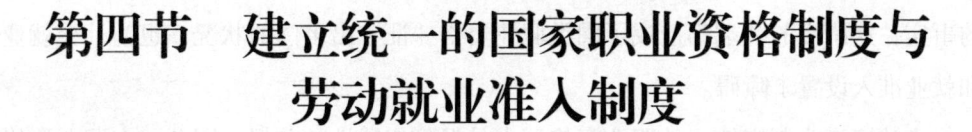

第四节　建立统一的国家职业资格制度与劳动就业准入制度

国家职业资格证书制度是由多行业、多层次构成的共同遵守的行业发展规程与行为准则,是对从业者实施行业规范的国家意志体现。建立统一的国家职业资格证书制度不仅是职业教育体系内部协调发展的基础,也是构建职业教育与普通教育、学校职业教育与职业培训之间"立交桥"的依据。从国际职业教育与经济社会发展来看,国家职业资格证书制度的建立与完善程度标志着一个国家职业教育与劳动力市场准入标准之间相互融通的程度,这也是建立职业教育体系的基础。

一、建立统一的国家职业资格证书制度

国家职业资格证书是国家意志在职业教育与资格证书发放方面的体现,是在国家权力制约下对从业者的一种身份确认。我国现行的职业资格证书制度建立于1993年,并逐步在全国范围内推行。目前我国的国家职业资格认证主要由国家人事部、劳动和社会保障部进行综合管理和实施。劳动部门负责管理以技能为主的职业资格鉴定及证书的核发工作,人事部门负责管理专业技术人员的职业资格评定及证书的核发工作。

现阶段我国的职业资格证书除了包括由国家人事部、劳动和社会保障部认证的,还包括:由有关行业主管部门组织的职业资格认证,如国家旅游总局的"导游员上岗证书",国家卫生部的"医师资格证书"等;还有地方政府组织的职业资格认证,

行业协会或学会组织的行业职业资格认证以及诸多国际职业资格认证等，例如英国皇家特许市场营销协会组织的"特许市场营销师CIM"。伴随着新兴职业的需求，社会上各类职业资格认证将会越来越繁杂。由于政府职业认证覆盖面小，对新的职业发展反应迟缓，难以回避社会上多层面认证的主体以各种形式进行职业资格认证的事实，这诸多的弊端都造成了同类职业资格"证"出多门的状况，也为社会就业和就业准入设置了障碍。

由政府牵头制定统一的职业资格证书是保障权威性的前提。因此，在职业资格证书的组织与管理上，应成立有权威的、统一的国家职业资格与职业教育委员会，该委员会可由国务院牵头组建，由各产业部、教育部、人社部、主要的行业协会、职业教育研究机构、作为第三方的学者或行业专家等部门和人士组成，同时各行业和产业协会直属国家职业资格与职业教育委员会管辖，并将职业资格制定与认证工作交由行业或产业协会实施，这可有效避免各行业协会为了自己部门的利益而各自为阵，或中介培训机构为抢占培训市场而牺牲国家职业资格证书含金量现象的发生。

二、制定相关政策，实现职业资格证书与学历证书的等值

我国的职业资格证书制度仍在发展完善阶段，实际实施效果不尽理想，社会上仍然存在着盲目追求高学历和使用低素质劳动者进行低水平生产的现象，制约着人们接受职业教育与培训的积极性，也严重影响了我国劳动力素质的提高和社会生产力的发展。因此，应在统一的国家资格框架下设立职业教育资格和普通教育资格两个分框架，制定职普接轨的各级各类国家职业资格等级标准，使得不同类别的资格证书之间能够互认，不同层级之间的资格证书相互衔接，这是职教体系改革的基础，也是中高职协调发展的必要条件。同时，以这种资格框架内的资格标准为依据，开发职业教育课程，使职业教育自成体系，系统内部层次分明，纵向衔接；还可以与普通教育体系横向融通，通过资格框架实现与普通教育学习系统的对接和文凭等值的承认，特别是可以消除资格系统间的分割，改变职业教育一直作为终结性教育的状态，明确职业教育的提升路径。

职业教育的协调发展既包括了职业教育内部的纵向协调发展，也体现了职业教育和普通教育的横向协调发展。因此，国家在全面推行职业资格证书制度基础上，将其纳入国家统一的资格证书制度框架内，通过相同标准，使得不同类别的证书之间能够互认，不同层级的证书之间相互衔接，实现职业资格证书与学历证书的等值，让学生凭借职业教育所获得的资格证书直接升学到相应的普教阶段，实现在职业教育和普通教育之间相互流动、自由选择，拓宽职业教育学生的升学通道。一方面，应该制定普职之间学分互认、学籍互转政策，构建普职沟通、合作共赢的教育体系，为学生成长发展搭建"立交桥"，满足学生升学与就业等多元的发展需求。例如，山东省出台《关于开展普通高中与中等职业学校学分互认学籍互转试点工作的通知》（鲁教基字〔2013〕39号）指出：2013年9月至2016年9月期间，在青岛、潍坊、德州三市选择部分普通高中和中等职业学校，以"学生自愿，学校承担，市级统筹，省级指导"为原则，以培养"基础宽厚、技能综合、素质全面、发展多元"的创新型、实用型、复合型人才为目标，对口开展课程共享、学籍互转、学分互认、资源共享的试点工作，争取利用3年左右的时间，为推进省普通高中与中等职业学校沟通衔接提供有益经验[①]。另一方面，还应理顺薪酬制度，推动中国社会由学历型向资格型转变，由于高新技术的发展加大了劳动复杂度，过去那种只凭一张文凭来证明能力的现象已不再存在，拥有一定资格已成为进入各种职业岗位的必须之选。为此，有必要创新劳动薪酬制度，促进以资格定酬的薪金等级与以学历定酬的薪金等级相融合，着力改变按学历或管理岗位的薪金与一线工作岗位的薪金差距过大的问题，真正树立起尊重劳动、尊重技术的社会风气，切实解决职业教育的吸引力问题。

三、实施职业资格就业准入制度

我国正面临着从人口大国向人力资源大国的转变，然而人才培养滞后、人才资源结构性短缺等矛盾一直是制约我国经济持续发展和阻碍产业升级的瓶颈。职业资格证书是认定从事某种职业人员的职业水平达到某种程度以及具备可持续发展能力

---

① 普通高中与中等职业学校学分互认学籍互转 http://weifang.iqilu.com/wfyaowen/2013/1025/1716981.shtml.

的资格证明。因此,建立职业资格标准、实行职业资格准入制度,同时进行相关的职业培训可提供重要的解决途径。

(一)建立与完善职业资格的法规体系

可建立国务院职业资格认证委员会,在宏观管理层面发挥指导和监督职能,包括:明确各级政府在建立职业资格标准方面的职能分工;界定行业协会在职业资格认证管理和规范中的角色;规划全国职业资格的类别;协调全国职业资格标准的建立、登记、注册与管理等程序,明确职业资格认证的主体,规范并监管职业资格认证活动等。同时,在制度层面安排不同行业类别的职业资格证书应由政府进行分类管理,在条件成熟的情况下授权相应的非营利性机构与行业协会,或委托部分地方政府进行开发,人事和劳动部门在国家的规划和法定程序内进行职业资格认证工作。

(二)加快建立国家职业标准

职业标准是经济实体从事市场经营活动的必要前提,社会各行业应该执行国家强制的职业标准。我国目前在职业资格标准建立明显滞后于生产技术的发展,考核内容与实际生产技术岗位要求相脱离。政府应该加强宏观管理,对不断产生的新职业进行梳理,兼顾多样性职业类别,加快进行各行业职业标准的规划和建立。

(三)推进学历文凭与职业资格的沟通

目前,我国职业资格证书制度缺乏与学历文凭相互对接的统一职业资格认证框架。职业教育在培养目标、途径和方法上存在着与职业标准的分离和脱节现象。因此,国家职业资格管理部门和教育主管部门应该通过完善职业资格认证制度,来改进职业学历教育的培养模式,按照职业资格的有关标准对职业院校的专业课程进行职业资格标准嵌入的尝试,为职校学生的职业规划与就业建立一个取得职业资格的快速通道,这也是解决我国经济发展中日益短缺的熟练职业人才瓶颈问题的有效途径。

(四)加快推行就业准入制度

准入制度基本出发点是加快提高劳动者素质,增强企业竞争力,保护消费者利益等方面的迫切需要。政府应该以立法方式,推行职业资格证书制度和劳动就业准入制度,把职业能力作为人才使用的重要依据。推行职业资格证书制度,可以规范劳动力市场建设，为劳动者就业创造平等竞争就业的环境，促进劳动者主动提高自身的技术业务素质，以达到促使劳动者尽快就业与稳定就业的目的；完善劳动人事用工制度和收入分配制度，改进人才评价及选用制度，坚持能力本位的考查机制，为技能型人才培养和成长创造良好环境；完善就业准入制度，构建有利于技能型人才培养、使用和流动的体制机制，如执行"先培训、后就业"、"先培训、后上岗"的规定，提高技能型人才的社会地位和待遇。

第五节 完善职业教育体系，促进教育层次上移

一、促进职业教育各层次完整，衔接顺畅

随着经济社会的发展，我国已经进入了建设现代产业体系的重要时期，需要职业教育为产业升级提供人才支撑，完善职业教育体系，促进不同层次职业教育协调发展的主要任务是最大限度地满足区域经济发展的需要，按照各层次人才需求的比例，来培养各种技术技能型人才，促进职业教育层次结构与经济结构、产业结构、技术结构的协调发展。但是产业的调整与升级对人才在数量、梯次、规格和素质上均提出了新要求，上移职业教育发展重心已成必然，积极开展本科及其以上高等职业教育是时势所趋。教育部出台的《关于推进中等和高等职业教育协调发展的指导意见》提出"完善高端技能型通过应用本科教育对口培养的制度，积极探索高端技能型人才专业硕士培养制度"。因此，只有构建中职和高职融通、高职和本科衔接的人才成长"立交桥"，提供从中职、高职、技术应用本科到专业硕士的完整的职业教育体系，才能从根本上改变职教"二流教育"的地位，增强职业教育的吸引力。值得注意的是，由于各省市的经济发展不平衡，高等职业教育层次结构的提升应与区域经济发展水平和生产力发展水平相适应。

二、推进普职渗透，拓宽学生发展途径

鼓励有条件的普通高中适当增加职业教育课程，采取多种方式为在校生提供职

业教育。如适当开设职业指导、职业道德及少量专业基础课，开展职业教育的介绍和实用技术的培训，增加学生对于升学途径的可选项，使想接受职业教育的学生提前自主选择专业，还可以组建职业班，通过接受职业教育和技能培训，使学生在考学升学时"选择有目标、升学有基础"。结合地区实际，鼓励中小学加强劳动技术、通用技术课程教学，中等职业学校要为其提供教师、场地、资源等方面的支持。鼓励初级中学开设职业指导课程，对于希望升入职业学校或较早开始职业生涯的初三学生，通过开设职业教育班或与职业学校合作等方式，对其开展职业教育。此外，中等职业学校要积极创造条件，为普通高中在校生转入学习提供渠道；职业学校要为本科院校学生技能培训提供方便。同时，当地教育行政部门要做好课程衔接、教师协作、资源共享等方面的组织协调工作。

第六节　实现职业教育体系内涵衔接的政策选择与制度建设

地方教育行政机构应牵头组织中高职院校、劳动以及相关部门形成联席会议制度，以有效的课程衔接、统筹的教育机制、合理的师资结构作为保障条件，建立一体化、连贯化的中高职招生考试统筹机制，切实打通中高职前后衔接、向上延伸的发展路径，让更多中职生在不断拓展的职业教育轨道上学习和提升。加快推进中等和高等职业教育协调发展，建构畅通、灵活、开放的现代职业教育体系，深化职业教育培养制度的改革，搭建适于职业教育人才成长的立交桥，做到职业教育内部的纵向衔接，以及职业教育与普通教育的横向沟通、职前教育与职后教育相衔接、学历教育与非学历教育相协调。

一、推进职业教育教学有"标准"可依，实现职业教育不同层次的内涵衔接

全面推进职业教育教学标准与行业技术规范、职业资格标准有效对接，实现职业教育办学水平和教育质量的整体提高，以建立反映学生能力水平的职业教育等级为基础，统筹设置不同专业、不同等级学生的能力标准、课程标准和课程内容，避免不同等级课程的重复；设计职业教育灵活的进入和退出机制，拥有任何一级职业教育等级证书都可以进入较高一个等级继续接受职业教育；职业教育等级证书的认定向所有人开放，这样既保证了灵活性，也体现了开放性。例如山东省职业教育教学有了"标准"可依，省财政每年拨专款1000万元，开发100个涵盖主要专业群

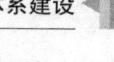

的中职教育、初中后五年制高职教育、三年制高职教育专业教学指导方案，目前，已经发布33个中等职业教育专业教学指导方案[①]。

二、改革招生考试政策与制度，形成符合职业教育特点的人才选拔与成长机制

中等职业教育不应是以就业为主的终结性教育，需要拓宽中职通往高职的路径，为了实现中高等职业教育的协调发展，必须按照职业教育的特点，改革现行的高等职业教育的招生考试制度。

（一）以淘汰制度代替选拔制度

现行的高职升学考试是一种通识教育人才选拔手段，难以对技能型人才做出合理性评价。而淘汰制度偏重于对学生基本知识、技能的考核，强调各个阶段教育应该完成各自的教育目标，只要考核合格就给予学生对口升入高职的机会。淘汰制度的考核内容要在保证学生掌握必要的文化、理论基础的同时，更多地体现中职教育技能型人才培养目标的要求，坚持知识与技能并重的原则，为职业教育的健康发展发挥积极的导向作用。

（二）确定招生批次，提高生源质量

职业院校的生源质量一直较差，与招生批次有关，这是个不争的事实。要改变职业教育的形象，可在生源素质方面下功夫。如天津、上海两地将中高职连贯培养的招生批次放在较前位置，在第二批录取，依次为：重点高中——五年一贯制——普通高中——中职学校。这样可确保生源素质，为开展五年连贯式培养打下了良好的基础。各地可根据本地的生源情况及人才需求情况确定招生批次，吸引优质生源，以便更多、更好地培养适应区域经济发展需求的人才。

（三）改革和完善对口升学制度

为了保证对口升学制度的顺利实施，保证职业教育的特色及稳定发展，加大中

[①] 山东更多职业院校学生可拿"双证书"中职普高学分互认开始试点. http://www.sdnews.com.cn/sd/yw/201401/t20140108_1487515.htm.

职学生对口升学的比例，扩大对口招生试点，让中职学校毕业生逐渐成为高职学校招生的主体；分类分步改革考试内容及考试方式，增加技能考核项目，提高职业技能在考试中的权重，控制文化课考试的难度和所占分值比例，将技能考试达标作为参加文化和专业理论考试的先决条件。或实行重大改革，从过去的文化考试为主调整为以技能操作为主、文化成绩为辅的考试模式，可选择比较容易实现统一技能考试的专业进行试点，逐步实现对中职所有大类专业的覆盖。例如，湖北省2011年首创"技能高考"的对口招生模式，首先在机械类专业进行试点，就吸引了530名中职毕业生参加考试，并于2012年增加了电子类、计算机类两大类专业，有5000多人报名并参加了技能操作考试，并计划在2015年对中等职业学校的学生全部实行"技能高考"和单独招考[①]。"技能高考"的出现是湖北省探索改革职业教育招生考试的成功尝试。它的出现反映了职业教育协调发展的强烈诉求。

（四）完善高职毕业生"专升本"招生考试制度

改革"专升本"招生考试制度，拓宽高职毕业生升入本科阶段学习的通道，为高职学生继续学习提供多种选择机会。对参与招收高职毕业生的公办本科院校，逐步增加专业技能考试内容，加大对技能优秀学生的选拔力度，对技能优异的学生实行加分政策，对全国技能大赛获奖选手实行免试入学。例如，山东省2013年下发了《关于做好职业院校与本科高校对口贯通分段培养转段考核测试工作的意见》，其中对"3+2"高职升本科考核测试中坚持过程考核与综合测试相结合，过程考核强化对学生高职学习期间日常表现、学习成绩和参加社会实践活动等情况的考核和评价，此项考核作为能否升学的重要依据；综合测试突出对本科阶段人才培养所需知识和能力的考查，经综合测试合格的学生转入本科阶段学习。其中，过程考核合格的学生，三年在校期间参加全国及全省职业院校技能大赛成绩优异的（获国家级三等奖及以上、省级一等奖），升学时可以免于综合测试[②]。

[①]湖北首创的高职院校"技能高考"解析.http://www.hbve.net.cn/index.php？a=5897&do=show&todo=content..
[②]山东省现代职业教育体系建设有关情况新闻发布会 http://www.scio.gov.cn/xwfbh/gssxwfbh/fbh/Document/1358850/1358850.htm 2014—01—09？ http://www.scio.gov.cn/xwfbh/gssxwfbh/fbh/Document/1358850/1358850.htm

三、实施学分制和弹性学制，增强职业教育的灵活性

以群体为目标实施的职业教育很难对学生实施个性化教育，传统资格的计量单位是学年制，为了适应终身学习的需要，在资格框架下、学分制度条件下，资格的计量单位是学习单元和学分，实施学分制和弹性学制可实现针对不同类型的学生实施不同类型的教育的预期。

（一）弹性学制

弹性学制是指一个资格可有若干单元（模块）组成，学习者可一次取得一个完全资格，也可一次学完其中一个或部分单元取得部分资格，分阶段取得完全资格，每个单元的计量单位是学分。允许学生分段完成学业，打破了一次考试定终身，可从制度上保证中等职业教育学生平等的升学权利，学生可以根据需求半工半读或上学与就业交替进行，放宽了职业教育招生和入学的年龄限制，改变了单纯的就业培训观念，适合于中高职培养目标的实现。

（二）实行弹性学分制度

实施学分制既可以对学员以往的学习或工作经验进行认定，又可以实现跨机构的学分互认与累计，为学员建构一条弹性学习路径与生涯阶梯。一是将不同学生拥有的专业基础和知识基础认定为相应学分，以此为基础分类开展教学，可避免教学资源的浪费；二是便于学生灵活地完成学业，一些修满相关规定学分的学生可以申请提前毕业，而学分不足的学生也可以申请就业或者创业，经过一段时间后再回到学校继续完成相关学业，或者采取半工半读的形式完成学业；三是允许学生利用已修学分申请免修同类课程，充分发挥学生的自主选择权，满足学生的知识需求；四是以学分为纽带，在中等与高等职业教育之间建立衔接课程，为职业教育与职业培训的融合提供广阔的发展空间。这种学分转换与累积的弹性学习功能可以促进职业教育协调发展，不仅可以为学生开拓多种成才之路，还能为终身教育体系的形成奠定基础。实行学分制的必备条件是学校应该统一各学科的学分标准、不同教学单元的学分标准及不同学历层级的学分标准，让课程学分成为职业院校相互认可的"护照"；还要严格规范每门课程学分评价的具体操作步骤，切实做好学分的组成、确

定、申请、考核、审核等相关工作；同时，教育主管部门必须出台相应的政策或条文加强监督，以减少主观因素的影响。

职业院校应开展普职互转试点，互转学籍，互认学分，构建普通教育与职业教育开放衔接的教育"立交桥"。例如山东省中职与普通高中学分互认、学籍互转开始试点。为在学制设计方面为学生创建适合自身成长的路径，让他们能够根据自身特长、优势、爱好自主选择适合的教育类型，山东省2013年下发《关于开展普通高中与中等职业学校学分互认学籍互转试点工作的通知》指出：在已经开展试点的青岛市、潍坊市、德州市，初中毕业生可以兼报普通高中和中职学校，中职学校和普通高中可学分互认、学籍互转。2014年3月底前各设区市建立职业教育与普通教育统一的高中阶段招生平台，由教育招生考试机构负责高中阶段招生考试[①]。

四、创新职业教育集团化办学模式

中职学校和高职院校应以专业和人才培养为纽带，与行业、企业共建职教集团，有效整合现有职业教育资源，创新集团化职业教育办学模式，在集团内实现职业教育培训课程学分、中等职业教育学历教育课程学分、高等职业教育学历课程学分（专科和本科层次）的衔接与转换，促进区域中高等职业教育的协调发展，切实提高职业教育的办学质量与效益。

市场经济是职教集团产生并发展壮大的基础，因此职教集团对市场反应最敏感，可完成根据社会需求来培养所需人才的任务，能够使分散的规模形成整体的实力；能使分散的资源实现更高的效益，有利于中高等职业教育的衔接沟通与协调发展，有利于职业教育资源的重组与互补，有利于加强专业建设，促进校企合作与技术开发。

教育行政部门应研究制定促进与鼓励职业教育集团化办学的扶持政策和措施。扩大职教集团成员学校的办学自主权，支持职业院校与行业、企业及同类院校之间的全面合作，促进职教集团尽快成为服务于区域经济发展和行业、企业人才培养培

---

① 山东省职业教育集团管理办法
http://baike.baidu.com/link？url=ayqLzfZn-tYtNOJsIM0uwqt1tz98sPDhzwgumAkMXgKJKjAIxx4sNUrO8IsTlasaadQiSSR2OJ0M-MNMDE_N6_

训的重要基地。例如山东省规定在各种支持职业教育发展的经费安排上，优先考虑开展集团化办学的职业院校；并对职教集团内举办"三二连读""五年一贯制"职业院校，在年度招生计划安排上给予倾斜[①]。

---

①张婷.我国高素质专业化职业教育师资队伍正逐渐形成［N］.中国教育报,2013—11—30（1）.
http://www.jyb.cn/zyjy/zyjyxw/201311/t20131130_561635.html

第七节　创新职教师资培养与培训体系

中国经济的发展、产业的调整与升级，需要职业教育培养大批高素质、技能型的劳动者。按照《教育规划纲要》提出的目标，中等和高等职业教育办学规模在未来 10 年将继续扩大，2020 年，在校生将分别达到 2350 万、1480 万人，要满足职业教育办学的需要，必须完善职教师资培养培训体系，全面保障职教师资队伍整体素质。充分利用现有高等学校、职业院校和企业资源，把专业类、教育类和实践类教育有机结合起来，逐步建成职前、职后一体化培养培训体系[①]。

一、在职称评定方面，采取独立的评价体系

建立不同于学术标准的职业教育教师专业技术职务评审办法，突出对教师实践能力和技术应用能力的评价；成立独立的职业院校教师专业技术职务评审委员会，对职业院校与普通院校教师职称实行分类评审。改变职业院校教师职称评聘条件，把教师的企业经历和对企业科研服务能力作为评聘的主要考评内容，并在政策上加以积极的引导。2013 年 12 月，山东省人力资源社会保障厅、教育厅联合印发《山东省高等职业学校教师水平评价基本标准条件》、《山东省中等职业学校教师水平评价基本标准条件》，规定将职业教育与普通教育职称分类评审，将教学实绩、技能水平、技术研发成果等作为专业技术职务评聘的重要依据。

---

① 教育部财政部关于实施职业院校教师素质提高计划的意见 http://www.cvae.com.cn/www/fg/jyb/2011/12921.html.

二、建立国家职业教育教师资格标准

建立国家职业教育教师资格标准，成立职业教育教师资格认证机构，对新进入职业教育的师资严格实行准入制度。对原有职教教师要求在规定期限内达到标准。对所有职教教师要求在一定时期内（比如三年）到企业或行业进行新技术与新技能训练。并对职业教育师资的"双师素质"进行认证，分专业建立"双师"的以技能操作为主的而不是以证书为主（目前各种证书含金量低）的认定委员会，鉴定职教师资的双师素质。同时，搭建国家、省市和学院三级"双师素质"教师评定体系。

三、完善职业教育师资培训制度

师资培训目的是使参与培训的教师获得知识、技能、综合素质等方面的提高，以及为教师职业生涯的可持续发展带来帮助。因此，国家和地方教育部门应该进行统筹规划，搭建职前、职后一体化职教师资教育新体系，创新职业教育教师培训模式，加大"双师型"教师的培养力度。2011年11月，教育部、财政部下发《关于实施职业院校教师素质提高计划的意见》，全面启动职教师资队伍建设重大项目，从国家战略出发，提高职教师资素质，加大培养培训力度，计划2011-2015年，组织45万名职业院校专业骨干教师参加培训，其中中央财政重点支持培训10万名，省级培训35万名，提高教师的教育教学水平特别是实践教学和课程设计开发能力；支持2万名中等职业学校青年教师到企业实践，提高教师的产业文化素养和专业技能水平；支持职业院校设立兼职教师岗位，优化职业院校教师队伍的人员结构；支持国家职业教育师资基地重点建设300个职教师资专业点，开发100个职教师资本科专业的培养标准、培养方案、核心课程和特色教材，加强基地的实训条件和内涵建设，完善适应教师专业化要求的培养培训体系[①]。

除了参加国家级培训外，各地、各校还应按照自身的实际情况，开展特色师资建设。内容可包括：健全教师专业进修和企业实践制度，联合企业成立专门的职业教育师资实训基地，专门接纳即将从事职业教育和现有教师的继续教育实践技能培

---

① 山东职业院校2014年起自主招聘教师 职称分类评审.http://news.sdchina.com/show/2873090.html.

训工作；在普通高校选择专业建立高职师资学院，也可在现有国家级示范院校和省级示范院校中，选择适宜专业建设中职师资学院，学制 4~5 年，严格要求学生在毕业前按照专业大类到行业和企业参加技能训练，并达到职业教育教师资格；改变普通大学的本科生或研究生毕业直接从一所大学进入另一所大学的状态，普通大学的毕业生如果要进入高职院校，必须先进入职业教育师资学院进修 1~2 年，达到职教师资标准；企业兼职教师在从事教学前也要求在职教师资学院进修，达到师资标准方可任教。

四、创新职校师资建设机制

搭建职前、职后一体化职教师资培养与培训体系还需创新职校师资的建设机制，包括教师准入机制、教师评价机制、教师经费投入机制、教师调配机制、教师激励机制等。建立企业专业技术人员、高技能人才和能工巧匠到职业学校从教的制度；国家和地方政府需要拨出专款用于教师建设费用，并要求各校按照比例划出专款用于教师建设；达到一定条件的兼职教师可参加教师职称评审，各级人力资源社会保障、国有资产监督管理、经济和信息化等部门将选派专业兼职教师的数量和水平纳入企业社会责任考核，让更多业界精英走进学校。例如 2013 年 12 月，山东省人力资源和社会保障厅、教育厅联合印发《山东省中等职业学校教师公开招聘实施办法》、《山东省高等职业学校教师公开招聘实施办法》，对职业院校教师公开招聘做出安排。专业教师招聘以测试专业技能和执教能力为主，将专业工作经历和职业资格作为基本条件，允许教学急需但没有教师资格证的专业人才参加职业学校招聘，合格的先作为兼职教师使用，待取得教师资格证后再转为正式教师，为缺乏教师资格证的专业技术人才进职校任教建立起"绿色通道"。同时出台了《山东省高等职业学校专业兼职教师管理办法》、《山东省中等职业学校专业兼职教师管理办法》，对职业院校兼职教师聘用管理做出规定。职业院校教职工编制总额的 20% 不纳入编制实名制管理，由学校自主聘用专业兼职教师，财政参照副高级专业技术职务人员平均薪酬水平确定经费拨付标准[①]。

[①] 山东职业院校 2014 年起自主招聘教师 职称分类评审 .http://news.sdchina.com/show/2873090.html.

第八节　构建职业教育的质量监控与保障体系

构建现代职业教育质量监控与保障体系，关系到管理体制机制的改革与创新，涉及政府、学校、行业、企业之间的关系重构与利益调整，应该在政府主导下进行整体战略规划，全面系统地运用科学发展观与质量观，统筹协调各责任主体之间的关系，明确影响职业教育质量的各种内外部环境因素，并结合实际提出实施策略与具体方法，以求更好地协调职业教育与产业结构、经济转型、人的终身发展的关系，以及职业教育内部中高职衔接的关系。

一、建立质量监督与保障体系

以就业为导向的办学理念、走产学结合的发展道路、推行双证书制度等均是职业教育的显著特点，因此在质量保障主体、评估内容与方式等方面均应体现这些特点。建立完善职业教育质量的监督与保障体系，吸引行业企业、社会成员等参加职业教育质量评估，将毕业生就业率、就业质量和用人单位满意度作为质量评价的重要指标，形成多方参与、适应技能型人才培养要求的考核和评价机制。

（一）完善职业教育的国家质量标准

制定国家职业教育质量评价指标体系。主要包括：学校办学标准、学校人才培养工作的评价标准、专业设置标准、专业培养质量标准、职业资格标准、教师准入标准、生均拨款经费标准等。并将其作为建立其他各级各类职业教育评价体系的依据。

(二)推进职业院校建立和完善内部质量保障体系

职业院校应根据国家标准和社会需求,明确学校的办学目标和人才培养目标;根据目标建立起主要教学环节的质量标准,提炼出各教学环节的提升途径与质量监控点;依据质量标准配套相应的人、财、物支撑;加强过程管理,保证人才培养工作的有序开展;建立科学系统的评估制度,定期开展自我评估;同时完善校内教学状态数据库,重视常态监控,把采集和搜集到的各种数据、评估信息等进行统计分析,并及时反馈到人才培养的各环节,用于调整与完善教学和管理工作,形成评价——反馈——改进——提高——再评价的良性循环。

(三)建立与完善外部质量保障体系

外部质量监控保障体系即第三方质量保障体系,是指独立教育行业外的第三方的客观评价,目标是通过第三方评估形成社会舆论促使职业院校进行教育教学改革,以提升人才培养质量。由于职业教育有其明显的职业性和实践性,应实施以就业为导向、以解决毕业生就业市场人才需求的结构性矛盾为主要目标的质量监控体系。因此,职业院校应主动接受来自职业教育关联方对职业教育质量的监控与评价,包括政府、学生、家长以及行业企业等各个关联方对于职业教育满足程度的测量与评价。最常见的评价方式是学校针对最直接接受学校服务的顾客群体建立客户满意度调查测评制度,它是通过定性和定量指标从不同维度来评价毕业生,从客户满意的角度反映职业院校人才培养质量。并将评价结果通过适当的方式定期向社会发布,接受社会的监督与评价,让社会各界了解各职业院校的办学水平。

二、完善职业教育质量保障机制

根据我国社会经济发展的具体实际,不断建立健全促进职业教育第三方质量保障体系建设的相关政策,出台具有约束力、监督力、吸引力和执行力的法律法规。一是按照互惠互利、共赢发展的原则,建立和完善政府、行业企业等第三方组织积极参与职业教育的利益驱动机制,通过政策规定、政府奖励、经费支持、税收减免等形式,提高与激励行业、企业参与职业教育质量保障体系建设的热情与意愿。二是完善行业企业对职业教育质量保障的参与和指导机制,将行业、企业和社会中介等第三方组织作为政府对职业教育进行宏观管理与统筹规划的依靠力量、指导学校教育教学改革的重要力量、推进专业课程体系建设的中坚力量、实施学校科学管理的指导力量。三是建立与完善社会经济发展需求与职业教育人才培养信息共享、反馈和服务机制，并运用信息技术实现质量保障机制的及时高效[①]。总之，让职业教育的各相关主体及时了解职业教育人才培养的相关信息，并能够及时监控与保障职业教育全过程和各环节的教育教学质量。

学校应建立政校企行合作委员会，多方共同制定专业教育质量标准、职业资格标准和评估方案，并共同开展评估活动，政府相关职能部门代表可推动政府出台职业教育发展所需的优惠政策，建立平台，让第三方在非行政强制的状态下愿意参与职业教育；学校则以深化办学体制机制改革为动力，在师资队伍建设、教育教学、人才培养等方面进行改革与创新，优先为合作企业输送高素质职业人才，并为企业提供培训服务、技术支持等；企业主要吸纳职校毕业生就业、为在校生提供实训实习基地、参与教学方案制订等；同时，在与国外优质教育机构合作的基础上，引进先进的教育教学理念和人才培养的措施，促进职业教育人才培养与国际接轨。

三、形成不同层次的组织保障

构建我国职业教育的质量保障体系，需要按照多元主体公共治理的改革思路，由政府、学校、行业协会、评估机构及社会各界等齐抓共管。要根据社会经济发展需求，建立覆盖国家、省、地市、县、职业院校和系部等各层面的职业教育第三方质量保障组织机构，通过委托、聘请等形式定期组织第三方组织为职业教育主管单位和实施机构等提供全方位的咨询、指导、评估和监控等服务。具体地说：一是成立"国家职业教育标准与质量监测评估委员会"，制定职业教育专业标准、课程标准和认证评估制度，建立全国职业教育数据信息平台等，以加强对全国职业教育质量保障的统筹协调；二是培育并成立专业评估机构，使其职能相对独立，担当起对学校专业设置、人才培养工作、办学水平的评估等工作；三是加强对学会或协会（学校联合体）的管理，支持其以吸纳会员的方式开展职业院校资质认证，并对全国职

[①] 张良,王建林,马芜茗.职业教育第三方质量保障体系建设研究[J].湖南社会科学,2013(6):274页.

业教育评估机构进行资格认可,鼓励专业学会开展相关专业评估等;四是鼓励社会行业(职业)组织开展专业认证。结合推行国家职业资格证书制度,鼓励相关行业组织对职业院校开展专业认证,并加强与国际相关专业认证组织的合作。五是职业院校要建立校级"领导小组"或"委员会"之类的决策指挥组织,并按照管办评分离的原则,成立"质保办"等校级专门机构,担当起监测、评估与调控职能[①]。

[①]李亚东.职教质量保障体系建设的多面思维[N].光明日报,2013—1—22(16).

参考文献：

［1］国家中长期教育改革和发展规划纲要（2010–2020年）.
http://www.moe.edu.cn/publicfiles/business/htmlfiles/moe/moe_177/201008/93785.html.

［2］吕江毅,刘敏杰."3+2"中高职教育衔接模式研究［J］.教育与职业2012(11).

［3］姜大源.职业教育学研究新论［M］.教育科学出版社.2007.

［4］马树超,郭扬等著.中国高等职业教育——历史的抉择［M］.高等教育出版社,2009.

［5］马树超,郭扬等著.高等职业教育——跨越、转型、提升［M］.高等教育出版,2009.

［6］仲耀黎.高职院校教育教学管理［M］.中国科学技术大学出版社.2010.

［7］丁金昌.高职教育人才培养理论研究与实践［M］.国防工业出版社.2011.

［8］王孝坤,李维维.高职教育强校实践与战略理论探索［M］.浙江大学出版社,2011.

［9］李钰.对中高职教育贯通培养模式的几点思考［J］.职教论坛,2012（22）.

［10］杨理连.基于高职引领视角下中高职教育系统衔接研究［J］.教育与职业,2012（18）.

［11］邵世光,王月穆.基于国家职业标准的中高职课程衔接策略［J］.职教论坛,2012（15）.

［12］余明辉.基于培养目标定位层次性的中高职教育衔接思考［J］.职业技术教育,2012（26）.

［13］郑坚.简析美国职业生涯与技术教育的中高职衔接［J］.中国职业技术教育,2012（3）.

［14］曹毅,蒋丽华,罗群.试论中高职衔接专业结构模型的构建［J］.职教论坛2012（30）.

［15］张建.英国中高职衔接的经验与启示［J］.教育与职业,2012（11）.

[16]沈理.中高职教育衔接的模式设计[J].职业技术教育,2012(14).

[17]刘育锋,陈鸿.中高职课程衔接:我国职业教育政策的历史诉求[J].职教论坛2012(1).

[18]刘育锋.中高职课程衔接:英国经验对我国的借鉴[N].中国教育报,2012—11—7(5).

[19]马树超.中国特色职业教育的概念模型与发展战略思考[J].江苏教育.2010(1)

[20]赵学昌.校企合作、工学结合的职业教育制度宏观探究[J].江苏高教.2010.(2)

[21]匡瑛.中高职课程衔接需要一体化制度设计[J].中国教育报,2012—12—19(5).

[22]庄小红.中高职文化基础课程衔接的对策研究[J].职业技术教育,2012(26).

[23]黎志键,韦弘.中高职衔接的政策演变轨迹及其思考[J].继续教育研究,2012(5).

[24]李玉珠.中高职协调:理想设计与现实难题[J].教育与职业,2012(5).

[25]任君庆.加快中高职协调发展的对策研究[J].中国高教研究,2012(12).

[26]刘建同.建设中国特色现代职业教育体系是时代发展的要求[J].中国职业技术教育,2012(30).

[27]武建鑫.面向协调发展的中高职培养目标衔接[J].教育与职业,2013(26).

[28]黑龙江,祝玉卿.浅谈中高职贯通教育制度建设[J].职业技术,2013(3).

[29]刘育锋.中高职课程衔接:依据制度与方法[J].江苏教育,2012(12).

[30]教育信息化十年发展规划(2011-2020年)http://www.edu.cn/html/info/10plan/ghf.shtm,2012-05-22/2012-07-22.

[31]教育部关于加快推进职业教育信息化发展的意见.http://www.moe.edu.cn/publicfiles/business/htmlfiles/moe/s3055/201205/136506.html,2012-05-20/2012-07-20.

[32]王仕琼,章红梅,阮红.论高职教育服务于经济的转型与升级[J].教育与职业,2011(32).

[33]张一春.高校教师教育技术能力标准及培训策略[J].教育与职业,2009(2).

[34]马宁,陈庚.国家高校教师教育技术能力指南的研究[J].远程教育杂志,2011(6).

[35]教育部财政部实施职业院校教师素质提高计划.http://edu.people.com/2011/1207/c227696-1913259760.html,2012-02-25/2012-08-13.

[36]欧阳旻,韩先满.高职院校教师科研能力评价指标体系的构建[J].职业技术教育,2011(31).

[37]张转玲.加强高职教师队伍科研创新能力的探讨[J].职教论坛,2012(11).

[38]把握机遇加快推进开创教育信息化工作新局面——在全国教育信息化工作电视电话会议上的讲话.http://www.tvet.org.cn/law/h000/h022/17542789d2109.html,2013-1-7/2013-2-25.

[39]朱明苑.高职教师教育技术能力现状分析及提升策略探究[D].河北:河北科技师范学院2013.

[40]刘明.高职院校教育教学质量监控与保障体系的研究[D].安徽:安徽大学2013.4.

[41]薛栋.构建现代职业教育体系的四重理论向度及其思考[J].职教论坛,2013(19).

[42]申燕.区域经济视域下陕西省职业教育集团化办学体系建设研究[D].陕西:陕西科技大学2012.3.

[43]卢小平,童遵龙,张文丽.我国职业教育的国家质量框架制度创新研究[J].教育与职业2013(33).

[44]邵元君,匡瑛.全纳的创新资格框架:英国的QCF[J].外国教育研究,2011(10).

[45]李玉珠.中高职协调:理想设计与现实难题[J].教育与职业,2012(5).

附录 1：

教育部关于推进中等和高等职业教育协调发展的指导意见

各省、自治区、直辖市教育厅（教委），新疆生产建设兵团教育局：

为全面落实《国家中长期教育改革和发展规划纲要（2010-2020 年）》关于到 2020 年形成现代职业教育体系和增强职业教育吸引力的要求，以科学发展观为指导，探索系统培养技能型人才制度，增强职业教育服务经济社会发展、促进学生全面发展的能力，现就推进中等和高等职业教育协调发展提出如下指导意见：

一、把握方向，适应国家加快转变经济发展方式和改善民生的迫切要求

1. **转变经济发展方式赋予职业教育新使命。**"十二五"时期国家以科学发展为主题，以加快转变经济发展方式为主线，把经济结构战略性调整作为主攻方向，促进经济长期平稳较快发展和社会和谐稳定。要求职业教育加快改革与发展，提升服务能力，承担起时代赋予的历史新使命。

2. **发展现代产业体系赋予职业教育新任务。**"十二五"时期，加快发展现代农业，提高制造业核心竞争力，推动服务业大发展，建设现代产业体系，迫切需要加快建设现代职业教育体系，系统培养数以亿计的适应现代产业发展要求的高素质技能型人才，为现代产业体系建设提供强有力的人才支撑。

3. **构建终身教育体系赋予职业教育新内涵。**把保障和改善民生作为加快转变经济发展方式的根本出发点和落脚点，把促进就业放在经济社会发展的优先位置，构建灵活开放的终身教育体系，努力做到学历教育和非学历教育协调发展、职业教育和普通教育相互沟通、职前教育和职后教育有效衔接，为形成学习型社会奠定坚实基础，要求必须把职业教育摆在更加突出的位置，充分发挥职业教育面向人人、服务区域、促进就业、改善民生的功能和独特优势，满足社会成员多样化学习和人的全面发展需要。

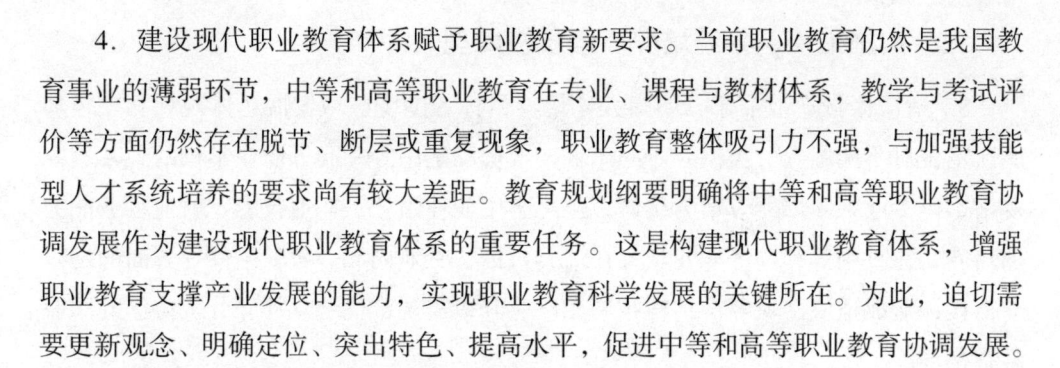

4. 建设现代职业教育体系赋予职业教育新要求。当前职业教育仍然是我国教育事业的薄弱环节，中等和高等职业教育在专业、课程与教材体系，教学与考试评价等方面仍然存在脱节、断层或重复现象，职业教育整体吸引力不强，与加强技能型人才系统培养的要求尚有较大差距。教育规划纲要明确将中等和高等职业教育协调发展作为建设现代职业教育体系的重要任务。这是构建现代职业教育体系，增强职业教育支撑产业发展的能力，实现职业教育科学发展的关键所在。为此，迫切需要更新观念、明确定位、突出特色、提高水平，促进中等和高等职业教育协调发展。

二、协调发展，奠定建设现代职业教育体系的基础

5. 以科学定位为立足点，优化职业教育层次结构。构建现代职业教育体系，必须适应经济发展方式转变、产业结构调整和社会发展要求；必须体现终身教育理念，坚持学校教育与各类职业培训并举、全日制与非全日制并重；必须树立系统培养的理念，坚持就业导向，明确人才培养规格、梯次和结构；必须明确中等和高等职业学校定位，在各自层面上办出特色、提高质量，促进学生全面发展。中等职业教育是高中阶段教育的重要组成部分，重点培养技能型人才，发挥基础性作用；高等职业教育是高等教育的重要组成部分，重点培养高端技能型人才，发挥引领作用。完善高端技能型人才通过应用本科教育对口培养的制度，积极探索高端技能型人才专业硕士培养制度。

6. 以对接产业为切入点，强化职业教育办学特色。以经济社会发展需求为依据，坚持以服务为宗旨、以就业为导向，创新体制机制，推进产教结合，实行校企合作、工学结合，促进专业与产业对接、课程内容与职业标准对接、教学过程与生产过程对接、学历证书与职业资格证书对接、职业教育与终身学习对接。遵循经济社会发展规律和人的发展规律，统筹中等和高等职业教育发展重点与节奏，整合资源，优势互补，合作共赢，强化职业教育办学特色，增强服务经济社会发展和人的全面发展的能力。

7. 以内涵建设为着力点，整体提升职业学校办学水平。现阶段中等职业教育要以保证规模、加强建设和提高质量作为工作重点，拓展办学思路，整合办学资源，深化专业与课程改革，加强"双师型"教师队伍建设。高等职业教育要以提高质量、创新体制和办出特色为重点，优化结构，强化内涵，提升社会服务能力，努力建设中国特色、世界水准的高等职业教育。

三、实施衔接，系统培养高素质技能型人才

8. 适应区域产业需求，明晰人才培养目标。围绕区域发展总体规划和主体功能区定位对不同层次、类型人才的需求，合理确定中等和高等职业学校的人才培养规格，以专业人才培养方案为载体，强化学生职业道德、职业技能、就业创业能力的培养，注重中等和高等职业教育在培养目标、专业内涵、教学条件等方面的延续与衔接，形成适应区域经济结构布局和产业升级需要、优势互补、分工协作的职业教育格局。

9. 紧贴产业转型升级，优化专业结构布局。根据经济社会发展实际需要和不同职业对技能型人才成长的特定要求，研究确定中等和高等职业教育接续专业，修订中等和高等职业教育专业目录，做好专业设置的衔接，逐步编制中等和高等职业教育相衔接的专业教学标准，为技能型人才培养提供教学基本规范。推动各地职业教育专业设置信息发布平台与专业设置预警机制建设，优化专业的布局、类型和层次结构。

10. 深化专业教学改革，创新课程体系和教材。职业学校的专业教学既要满足学生的就业要求，又要为学生职业发展和继续学习打好基础。初中后五年制和主要招收中等职业教育毕业生的高等职业教育专业，要围绕中等和高等职业教育接续专业的人才培养目标，系统设计、统筹规划课程开发和教材建设，明确各自的教学重点，制定课程标准，调整课程结构与内容，完善教学管理与评价，推进专业课程体系和教材的有机衔接。

11. 强化学生素质培养，改进教育教学过程。改革以学校和课堂为中心的传统教学方式，重视实践教学、项目教学和团队学习；开设丰富多彩的课程，提高学生学习的积极性和主动性；研究借鉴优秀企业文化，培育具有职业学校特点的校园文化；强化学生诚实守信、爱岗敬业的职业素质教育，加强学生就业创业能力和创新意识培养，促进职业学校学生人人成才。

12. 改造提升传统教学，加快信息技术应用。推进现代化教学手段和方法改革，加快建设宽带、融合、安全、泛在的下一代信息基础设施，推动信息化与职业教育的深度融合。大力开发数字化专业教学资源，建立学生自主学习管理平台，提升学校管理工作的信息化水平，促进优质教学资源的共享，拓展学生学习空间。

13. 改革招生考试制度，拓宽人才成长途径。根据社会人才需求和技能型人才

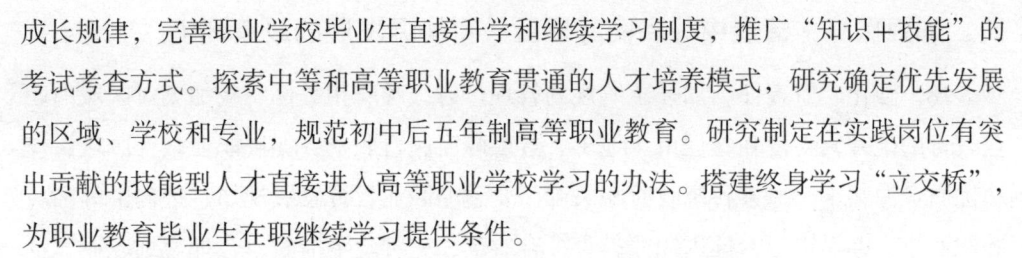

成长规律，完善职业学校毕业生直接升学和继续学习制度，推广"知识+技能"的考试考查方式。探索中等和高等职业教育贯通的人才培养模式，研究确定优先发展的区域、学校和专业，规范初中后五年制高等职业教育。研究制定在实践岗位有突出贡献的技能型人才直接进入高等职业学校学习的办法。搭建终身学习"立交桥"，为职业教育毕业生在职继续学习提供条件。

14. 坚持以能力为核心，推进评价模式改革。以能力为核心，以职业资格标准为纽带，促进中等和高等职业教育人才培养质量评价标准和评价主体有效衔接。推行"双证书"制度，积极组织和参与技能竞赛活动，探索中职与高职学生技能水平评价的互通互认；吸收行业、企业、研究机构和其他社会组织共同参与人才培养质量评价，将毕业生就业率、就业质量、创业成效等作为衡量人才培养质量的重要指标，形成相互衔接的多元评价机制。

15. 加强师资队伍建设，注重教师培养培训。构建现代职业教育体系要注重为教师发展提供空间，调动教师的工作积极性。高等职业学校教师的职务（职称）评聘、表彰与奖励继续纳入高等教育系列；推进中等职业学校教师职务（职称）制度改革。完善职业学校教师定期到企业实践制度，在企业建立一批专业教师实践基地，通过参与企业生产实践提高教师专业能力与执教水平。鼓励中等和高等职业学校教师联合开展企业技术应用、新产品开发等服务活动。各地要建立职业学校教师准入制度，新进专业教师应具有一定年限的行业企业实践经历。建立健全技能人才到职业学校从教制度，制定完善企业和社会专业技术人员到校担任兼职教师措施。

16. 推进产教合作对接，强化行业指导作用。支持和鼓励行业主管部门和行业组织开展本行业各级各类技能型人才需求预测，参与中等和高等职业教育专业设置和建设，指导人才培养方案设计，促进课程内容和职业资格标准融通；推动和督促企业与职业学校共建教学与生产合一的开放式实训基地，合作开展兼职教师选聘；组织指导职业学校教师企业实践、学生实习、就业推荐等工作。

17. 发挥职教集团作用，促进校企深度合作。引导和鼓励中等和高等职业学校以专业和产业为纽带，与行业、企业和区域经济建立紧密联系，创新集团化职业教育发展模式。切实发挥职业教育集团的资源整合优化作用，实现资源共享和优势互补，形成教学链、产业链、利益链的融合体。积极发挥职业教育集团的平台作用，建立校企合作双赢机制，以合作办学促发展，以合作育人促就业，实现不同区域、不同层次职业教育协调发展。

四、加强保障，营造中等和高等职业教育协调发展的政策环境

18. 强化政府责任，加强统筹规划管理。省级政府相关部门应加大对区域内职业教育的统筹，支持和督促市（地）、县级政府履行职责，促进职业教育区域协作和优质资源共享。地方各级政府相关部门要遵循职业教育发展规律，把握中等和高等职业教育办学定位，推进职业教育综合改革，完善政策措施，合理规划职业教育规模、结构和布局，改善办学条件，提高行业企业和社会参与职业教育的积极性，支持行业、企业发展职业教育，促进现代职业教育体系建设。

19. 加大投入力度，健全经费保障机制。各地要加快制定和落实中等和高等职业学校学生人均经费基本标准和学生人均财政拨款基本标准。认真落实城市教育费附加安排用于职业教育的比例不低于30%的规定。高等职业学校逐步实现生均预算内拨款标准达到本地区同等类型普通本科院校的生均预算内经费标准。中等职业学校按编制足额拨付经费。对举办有初中后五年制高等职业教育、中等职业教育的高等职业学校，要按照国家有关规定，落实其中等职业教育阶段的资助和免学费政策。进一步提高新增教育经费中用于职业教育的比例，基本形成促进中等和高等职业教育协调发展的经费投入稳定增长机制。充分调动全社会的积极性，健全多渠道筹措职业教育经费的投入机制，完善财政、税收、金融和土地等优惠政策，形成有利于中等和高等职业教育协调发展的政策合力。

20. 重视分类指导，促进学校多样化发展。切实加强三年基本学制的中等职业教育教学基本建设，根据中等职业学校设置标准充实办学资源，加强规范管理；增加中等职业学校毕业生进入高等职业学校继续学习的比例，优选招生专业，重视综合素质培养；探索高中阶段教育多样化发展，对未升学的普通高中毕业生实施一年制中等职业教育，强化技能培养。全面提高招收普通高中毕业生的三年制高等职业教育教学质量，加强专业技能训练；规范初中后五年制高等职业教育，依据区域产业发展对技能型人才的需求，参照高等职业教育专业目录，分批确定初中后五年制高等职业教育的招生专业，加强课程整体设计。大力发展各类非全日制职业教育，切实根据生源特点制订培养方案，注重因材施教。依据专业人才培养的特殊需要，中等和高等职业学校可申请适当延长或缩短基本修业年限，毕业证书应对生源、学制、学习渠道、培养地点等给予写实性描述。

21. 推进普职渗透，丰富学生发展途径。鼓励有条件的普通高中适当增加职业

教育课程，采取多种方式为在校生提供职业教育。中等职业学校要积极创造条件，为普通高中在校生转入学习提供渠道；职业学校要为本科院校学生技能培训提供方便。结合地区实际，鼓励中小学加强劳动技术、通用技术课程教学，中等职业学校要为其提供教师、场地、资源等方面的支持，鼓励普通高中、初级中学开设职业指导课程；对于希望升入职业学校或较早开始职业生涯的初三学生，初级中学可以通过开设职业教育班或与职业学校合作等方式，开展职业教育。当地教育行政部门要做好课程衔接、教师协作、资源共享等方面的组织协调工作。

22. 完善制度建设，优化协调发展环境。根据本地实际，制定促进本地区职业教育发展、促进校企合作的地方性法规和政策，进一步明确和落实政府、学校、行业、企业等的法律责任和权利，推行职业资格证书和劳动就业准入制度，为中等和高等职业教育协调发展提供制度保障。健全职业教育督导评估机制，以督查经费投入、办学条件达标和教学质量为主，加强督政、督学，把中等和高等职业教育协调发展纳入政府工作绩效考核。积极开展中等和高等职业教育协调发展的研究，吸收企业等参加教育质量评估，探索建立职业教育第三方质量评价制度。加强宣传，营造良好的社会环境，全面推进中等和高等职业教育协调发展。

中华人民共和国教育部
二〇一一年八月三十日

附录2：

教育部关于推进高等职业教育改革创新引领职业教育科学发展的若干意见

为深入贯彻落实胡锦涛总书记在庆祝清华大学建校100周年大会上的重要讲话精神和《国家中长期教育改革和发展规划纲要（2010-2020年）》，推动体制机制创新，深化校企合作、工学结合，进一步促进高等职业学校办出特色，全面提高高等职业教育质量，提升其服务经济社会发展能力，提出如下意见。

一、服务经济转型，明确高等职业教育发展方向

1. 当前，我国正处于从经济大国向经济强国、人力资源大国向人力资源强国迈进的关键时期。高等职业教育必须准确把握定位和发展方向，自觉承担起服务经济发展方式转变和现代产业体系建设的时代责任，主动适应区域经济社会发展需要，培养数量充足、结构合理的高端技能型专门人才，在促进就业、改善民生方面以及在全面建设小康社会的历史进程中发挥不可替代的作用。

2. 高等职业教育具有高等教育和职业教育双重属性，以培养生产、建设、服务、管理第一线的高端技能型专门人才为主要任务。按照"到2020年，形成适应经济发展方式转变和产业结构调整要求、体现终身教育理念、中等和高等职业教育协调发展的现代职业教育体系"要求，必须坚持以服务为宗旨、以就业为导向，走产学研结合发展道路的办学方针，以提高质量为核心，以增强特色为重点，以合作办学、合作育人、合作就业、合作发展为主线，创新体制机制，深化教育教学改革，围绕国家现代产业体系建设，服务中国创造战略规划，加强中高职协调，系统培养技能型人才，努力建设中国特色、世界水准的高等职业教育，在现代职业教育体系建设中发挥引领作用。

二、加强政府统筹，建立教育与行业对接协作机制

3. 各地教育行政部门要积极联合相关部门，将高等职业教育纳入本地经济社会和产业发展规划，统筹区域经济社会发展与高等职业学校布局和发展规模，统筹中等职业教育和高等职业教育协调发展，统筹应用型、复合型、技能型人才培养结构布局，分类指导，支持特色学校和特色专业做优做强。要解放思想，改革创新，大胆探索，促进地方政府充分发挥政策调控与资源配置作用，引导学校科学定位，全面提升办学质量，大力促进高职毕业生就业，为区域经济社会发展提供人才支撑和智力支持。

4. 发挥地方及行业在高等职业教育专业设置工作中的调控和引导作用，改革专业设置管理办法，完善学校自主设置、地方统筹、行业指导、国家备案、信息公开的专业管理机制。各地要建立专业设置和调整的动态机制，围绕国家产业发展重点，结合区域产业发展需要，合理确定、不断优化专业结构和布局；各地教育行政部门要配合地方和行业主管部门联合建立人才需求预测机制和专业设置预警机制，定期发布人才需求信息，引导高等职业学校调整专业设置。国家将根据产业发展对技能型人才的需求，参照高等职业教育专业目录，分批确定初中后五年制高等职业教育招生专业。高等职业学校可依据专业人才培养的特殊需要，申请在基本修业年限范围外，适当延长或缩短相关专业的修业年限。国家建立高等职业教育专业设置信息平台，对全国专业分布情况进行年度统计并向社会公布。

三、创新体制机制，探索充满活力的多元办学模式

5. 各地教育行政部门要联合相关部门，优化区域政策环境，完善促进校企合作的政策法规，明确政府、行业、企业和学校在校企合作中的职责和权益，通过地方财政支持等政策措施，调动企业参与高等职业教育的积极性，促进高等职业教育校企合作、产学研结合制度化。

6. 创新办学体制，鼓励地方政府和行业（企业）共建高等职业学校，探索行业（企业）与高等职业学校、中等职业学校组建职业教育集团，发挥各自在产业规划、经费筹措、先进技术应用、兼职教师选聘、实习实训基地建设和学生就业等方面的优势，形成政府、行业、企业、学校等各方合作办学，跨部门、跨地区、跨领域、跨专业协同育人的长效机制。鼓励有条件的高等职业学校积极与军队合作培养高素质士官人才。

7. 完善校企合作运行机制，推进建立由政府部门、行业、企业、学校举办方、学校等参加的校企合作协调组织。公办高等职业学校在坚持党委领导下校长负责制的同时，鼓励建立董事会、理事会等多种形式的议事制度，形成多方参与、共同建设、多元评价的运行机制，增强办学活力。

四、改革培养模式，增强学生可持续发展能力

8. 坚持育人为本，德育为先。高等职业学校要把社会主义核心价值体系、现代企业优秀文化理念融入人才培养全过程，强化学生职业道德和职业精神培养，加强实践育人，提高思想政治教育工作的针对性和实效性。重视学生全面发展，推进素质教育，增强学生自信心，满足学生成长需要，促进学生人人成才。

9. 以区域产业发展对人才的需求为依据，明晰人才培养目标，深化工学结合、校企合作、顶岗实习的人才培养模式改革。要与行业（企业）共同制订专业人才培养方案，实现专业与行业（企业）岗位对接；推行"双证书"制度，实现专业课程内容与职业标准对接；引入企业新技术、新工艺，校企合作共同开发专业课程和教学资源；继续推行任务驱动、项目导向等学做一体的教学模式，实践教学比重应达到总学分（学时）的一半以上；积极试行多学期、分段式等灵活多样的教学组织形式，将学校的教学过程和企业的生产过程紧密结合，校企共同完成教学任务，突出人才培养的针对性、灵活性和开放性。要按照生源特点，系统设计、统筹规划人才培养过程。要将国际化生产的工艺流程、产品标准、服务规范等引入教学内容，增强学生参与国际竞争的能力。

10. 系统设计、实施生产性实训和顶岗实习，探索建立"校中厂"、"厂中校"等形式的实践教学基地，推动教学改革。强化教学过程的实践性、开放性和职业性，鼓励学校提供场地和管理，企业提供设备、技术和师资，校企联合组织实训，为校内实训提供真实的岗位训练、营造职场氛围和企业文化；鼓励将课堂建到产业园区、企业车间等生产一线，在实践教学方案设计与实施、指导教师配备、协同管理等方面与企业密切合作，提升教学效果。要加强安全教育，完善安全措施，确保实习实训安全。

11. 加强职业教育信息化建设。大力开发数字化教学资源，推动优质教学资源共建共享，拓展学生学习空间，促进学生自主学习。推进现代化教学手段和方法改革，开发虚拟流程、虚拟工艺、虚拟生产线等，提升实践教学和技能训练的效率和

效果。搭建校企互动信息化教学平台，探索将企业的生产过程、工作流程等信息实时传送到学校课堂和企业兼职教师在生产现场远程开展专业教学的改革。

12. 完善人才培养质量保障体系。推进高等职业教育质量评估工作，建立和完善学校、行业、企业、研究机构和其他社会组织共同参与的质量评价机制，将毕业生就业率、就业质量、企业满意度、创业成效等作为衡量人才培养质量的重要指标。各地和各高等职业学校都要建立人才培养质量年度报告发布制度，不断完善人才培养质量监测体系。

五、改革评聘办法，加强"双师型"教师队伍建设

13. 各地要创新高等职业学校师资管理制度，按照国家有关规定，进一步完善符合高等职业教育特点的教师专业技术职务（职称）评审标准，将教师参与企业技术应用、新产品开发、社会服务等作为专业技术职务（职称）评聘和工作绩效考核的重要内容。继续将高等职业学校教师的专业技术职务（职称）评聘纳入高等学校教师职务评聘系列。积极推进新进专业教师须具有企业工作经历的人事管理改革试点。

14. 各地要加大高等职业学校教师培养培训力度，推动学校与企业共同开展教师培养培训工作。要在优秀企事业单位建立专业教师实践基地，完善专业教师到对口企事业单位定期实践制度。要在学校建立名师和技能大师工作室，完善老中青三结合的青年教师培养机制。要坚持培养与使用相结合，完善教师继续教育体系，健全教师继续教育考核制度和政策。

15. 高等职业学校要加快双师结构专业教学团队建设，聘任（聘用）一批具有行业影响力的专家作为专业带头人，一批企业专业人才和能工巧匠作为兼职教师，使专业建设紧跟产业发展，学生实践能力培养符合职业岗位要求。国家示范（骨干）高等职业学校要率先开展改革试点，鼓励和支持兼职教师申请教学系列专业技术职务，支持兼职教师或合作企业牵头申报教学研究项目、教学改革成果，吸引企业技术骨干参与专业建设与人才培养。

六、改革招考制度，探索多样化选拔机制

16. 推广高等职业学校单独招生改革试点工作经验，完善"知识＋技能"的考核办法。稳步开展根据高中阶段教育学业水平考试成绩、综合素质评价、职业准备

类课程学习情况和职业倾向测试结果综合评价录取新生的招生改革试点。积极开展具有高中阶段教育学历的复转军人接受高等职业教育的单独招生试点。支持国家示范（骨干）高等职业学校与合作企业开展成人专科学历教育单独招生改革试点。逐步开展高等职业教育入学考试由各省、自治区、直辖市组织的试点。鼓励职业学校和企业联合开展先招工、后入学的现代学徒制试点。增加中等职业学校毕业生对口升学比例，拓宽高等职业学校应届毕业生进入本科学校应用性专业继续学习的渠道。鼓励高等职业学校与行业背景突出的本科学校合作探索高端技能型人才、应用型人才专业硕士培养制度。扩大奖学金、助学金资助受众面，鼓励优秀学生报考高等职业学校。

七、增强服务能力，满足社会多样化发展需要

17. 高等职业学校要搭建产学研结合的技术推广服务平台，面向企业开展技术服务，推进科技成果转化；面向新农村建设，提供农业技术推广、农村新型合作组织建设等服务。建立专业教师密切联系企业的制度，引导和激励教师主动为企业和社会服务。

18. 各地要鼓励和支持高等职业学校加强国际交流与合作，积极参与职业教育国际标准和规则的研究与制定，提高高等职业教育的国际影响力。高等职业学校要服务国家"走出去"战略，服务大型跨国集团和企业的境外合作，开展技术培训，满足企业发展需要和高技能劳务输出需要；要积极开展中外合作办学，引进优质教育资源，提升办学水平。示范（骨干）高等职业学校要积极探索境外办学，吸引境外学生来华学习。

19. 高等职业学校要努力成为当地继续教育和文化传播的中心，搭建多样化学习平台，开放教育资源，开展高技能和新技术培训，普及科学文化知识，参与社区教育，服务老年学习，在构建国家终身教育体系和建设学习型社会中发挥积极作用。

八、完善保障机制，促进高等职业教育持续健康发展

20. 各地教育行政部门要主动与相关部门合作，结合本地区经济社会发展实际，确定高等职业学校生均经费基本标准和生均财政拨款基本标准，逐步实行依据生均经费基本标准核定高等职业学校经费的制度；建立以举办者投入为主，受教育者合理分担培养成本、学校设立基金接受社会捐赠等多种渠道筹措经费的机制。要将高

等职业学校财政预算纳入高等学校系列，逐步推广将国家示范高等职业学校生均预算内拨款标准按本地区同类普通本科院校标准执行的做法。高等职业学校举办的中等职业教育和五年制高等职业教育，要按照国家有关要求，落实中等职业教育阶段学生的资助和免学费政策。

21. 各地要发挥专项资金的引导和激励作用，加大实训基地、师资队伍、教学资源、教育科研、领导能力等财政专项资金的投入。继续做好高等教育教学成果奖、高等学校教学名师奖、精品开放课程项目等表彰奖励、资源共享平台建设中涉及高等职业教育部分的工作。建立健全高等职业教育学生实习实训保障制度，开展顶岗实习工伤和意外伤害保险、兼职教师课时费等政府补贴试点，确保学生实习权益和实践教学质量。